¡O RICO O NADA!

¡O RICO O NADA!

Tú eliges...

AITOR ZÁRATE

EDICIONES DEUSTO

© Aitor Zárate, 2025

© Centro de Libros PAPF, SLU., 2025
Deusto es un sello editorial de Centro de Libros PAPF, SLU.
Av. Diagonal, 662-664
08034 Barcelona
www.planetadelibros.com

Diseño de la colección: Sylvia Sans Bassat

Primera edición: febrero de 2025
Depósito legal: B. 23.051-2024
ISBN: 978-84-234-3800-6
Composición: Realización Planeta
Impresión y encuadernación: Limpergraf, S. L.
Printed in Spain - Impreso en España

PEFC Certificado

Este libro procede de bosques gestionados de forma sostenible

PEFC

PEFC/14-38-00305   www.pefc.es

*Para todo aquel que asuma que ser
pobre no es un orgullo y que para ser libre
es necesario ser rico en tiempo y dinero*

Sumario

Introducción

Lo primero es lo primero. Y hoy lo primero es MI petición.

Escribo este libro en primera persona del singular, y como nunca doy consejos, salvo que me lo pidan insistentemente, te pido que leas este libro poniéndote en mi lugar, pensando que eres tú quien lo escribe, como si fuese tu diario íntimo, en silencio y sin posibilidad de ser molestado. Soy consciente de que puede parecer raro, ¡como yo!, pero estoy seguro de que así la lectura resultará menos chocante y se incrementará tu interés e intención, lo que desembocará en que asumas mejor los conceptos, ya que mis ideas serán «tus» ideas y tendremos más posibilidades de «encontrarnos» en el excitante camino del «o rico o nada». ¿Hay trato?, ¿tengo tu palabra? Escucho un «sí» en la lejanía que agradezco profundamente.

¡Ahora sí, empiezo!

1. ¿Quién escribe este libro?

Me llamo Aitor Zárate y soy rico desde finales del año 2005, fecha desde la que no trabajo por dinero y hago que éste «baile» para mí. Ése fue, es y será siempre mi objetivo. Y esto es así porque un lejano día de 1999, tras dos ruinas, decidí que iba a ser así.

Lo imaginé y lo hice. Diseñé el Plan, que tengo entre mis manos ahora mismo, que tenía que llevarme de un punto de partida de 25 millones de pesetas (150.000 dólares) en 1999, hasta un punto de llegada de 6 millones de dólares el 31 de diciembre de 2010, objetivo que no conseguí porque me quedé en tan «sólo» 5.500.000 dólares el 31 de diciembre de 2005. ¡Ése soy yo! El tipo que te acompañará durante todo el camino.

El objetivo, que no debo perder nunca de vista, es el siguiente: «Quiero ser rico en tiempo y dinero, hasta llegar al punto en que sea el dinero el que trabaje para mí». Y para ello «necesito» comprometerme con los siguientes verbos: *decidir, asumir, planear, comenzar* y *andar.* Me explico: 1) debo **decidir** que quiero ser rico, 2) **asumir** el conocimiento necesario para serlo, 3) **tener un plan** claro y concreto, y 4) **dar el primer paso,** y después todos los demás.

ASÍ QUE una vez haya dado el «sí quiero» (1), y tenga, al finalizar la lectura del Plan, el perfecto conocimiento del «cómo» (2 y 3), sólo me quedará empezar a «mover el culo» (4) más que Tony Manero en *Fiebre del sábado noche.* Pero no nos pongamos cachondos antes de tiempo.

Vamos a empezar un viaje chulo. Lo prometo. Y espero que estés preparado para recorrer este camino intenso, divertido, excitante, potente y nada sencillo, que va desde el punto de partida (A) hasta el punto de llegada (B).

Ser rico en «dos días» es imposible, y de imbécil integral, así que no lo intentes, no vaya a ser que te tenga, desde ya, por un mediocre, estúpido, desenfocado y materialista, como yo cuando me arruiné.

Ahora bien, yo, que sé cómo funciona el mundo del dinero, sé cómo ganarlo «durmiendo», sin pagar impuestos (siempre de manera legal) y, sobre todo, cómo no perderlo, me resulta un placer «de la hostia» poder compartirlo para aprender jugando, ya que no conozco otra manera mejor de hacerlo.

La vida puede parecer monótona, pero nunca lo es. La vida será lo que yo decida que sea: divertida y excitante o una mierda pinchada en un palo.

No sé tú, pero yo me decanto por lo primero. ¡Soy el «escritor» de mi vida!

La mayoría piensa que el éxito es lo anormal y fracasar lo normal. Obviamente, no es así. ¿Por qué? Porque el fracaso no existe, sólo existe si me paro. Si no me detengo, y eso no suele estar entre mis planes, el éxito, aunque pudiera llegar más tarde de lo que quisiera, llega. Sólo es cuestión de tiempo, como casi todo.

ASÍ QUE desde ¡ya! pienso que mi vida es un éxito, y no pararé hasta llegar al objetivo: sea el que sea. ¡Así de sencillo!

Pero para ello debo dejarme de tonterías, como intentar buscar en internet la piedra filosofal que me haga ganar dinero. ¡Vamos a ver una «cosita»! Nadie, absolutamente nadie, me enseñará a ganar dinero.

ASÍ QUE voy a «ponerme las pilas» y centrarme sólo en lo que debo hacer, obviando el resto y dejando en la cuneta y sin compasión el miedo, las quejas, las expectativas, culpar a otros y las excusas.

El éxito en la vida depende única y exclusivamente de un «quién» concreto, nunca de un tercero. Y como el «quién» soy yo, y en mi vida no hay lugar para la monotonía, ¡voy a por todas! A fin de cuentas, ¿qué puede haber más importante? La vida siempre se mueve, y lo hace hacia delante, y si pretendo ser rico, debo tener claro que las oportunidades de alcanzarlo siempre están ahí, en el movimiento.

¡Venga! Un objetivo de la «hostia», y ser «o rico o nada» lo es, depende de desearlo con tranquilidad, sin avaricia y con total desapego al resultado.

Y cuando tome la decisión, cuando me comprometa conmigo mismo, dar marcha atrás no me estará permitido. ¡Que quede claro!

2. Hago un *spoiler*

Todos los capítulos del libro comenzarán con la pregunta «¿Qué debo asumir hoy aquí?», que será contestada con los conceptos, ideas, argumentos y demostraciones contenidos en el capítulo en cuestión.

Y finalizarán con el «¡Moviendo el culo!», la llamada a la acción, el entrenamiento que realizar. Es decir, *asumir* es la teoría y *moviendo el culo* es la práctica.

ASÍ QUE siempre sabré, desde el inicio de cada capítulo, qué es lo que estoy a punto de aprender y cuáles serán las pautas de entrenamiento para acercarme al objetivo. Muy simple: leo, asumo y entreno.

¡ATIENDE! Si por un raro casual todo esto no me interesa, o no es mi objetivo, lo mejor que puedo hacer es... ¡pirarme! y seguir con mi vida, que seguro que no está mal del todo.

Para todos aquellos que aún sigan conmigo. ¡Seguimos!

El primer millón es difícil, el segundo es inevitable y convertirme en rico, simplemente, no es lo importante. ¿Qué es lo «más» importante entonces? Transformarme en la persona que necesitaré ser para conseguirlo: ¡eso es lo verdaderamente importante!

O SEA, QUE si eres quien has sido hasta hoy, que, obviamente, no has conseguido lo que quieres, tendrás que empezar a actuar de modo diferente al 95 por ciento de la población: siendo honesto, disciplinado, enfocado, con prioridades claras, siendo un perfecto conocedor del mundo del dinero, la inversión, los impuestos y la toma de decisiones, y sabiendo que tendrás que cambiar tu forma de pensar, que no te ha llevado a «buen puerto», (casi) con total seguridad. ¡Es lo que hay! Si quieres renacer, debes destruir primero para construir algo nuevo después. ¡Hay que cambiar (casi) todo! No hay otra.

Repito: así es como aprende el ser humano. La vida es tiempo, decisiones y dinero, objetivo al que siempre he aspirado, haciendo que el dinero «baile» para mí, para ser libre, que no es más que la capacidad de hacer con mi tiempo de vida lo que me dé la gana, siendo totalmente consecuente con la definición de rico de la contraportada, para lo cual es necesario vivir una «vida calculada». Pero ¿qué carajo es ese tipo de vida? Aquella en la que el tiempo y el dinero, los dos «activos» más importantes que poseo, estén en perfecto equilibrio, donde asigne a cada tarea decidida por mí su momento y duración, y mi vida sea una vida financiera manejada como si yo fuese una auténtica empresa, ¡que lo soy!, con sus activos y pasivos, y controlando cada euro que entre y salga: de ingreso, de gasto (necesario o inútil), de deuda, de inversión y de impuestos.

ASÍ QUE desde hoy soy «AZ Corporation».

Todo esto viene a significar que, a partir de ahora, daré siempre más valor a los recursos que tenga en cada momento que a los que me falten en el presente, y/o pueda llegar a tener en el futuro. Importa lo que soy, no lo que seré. Importa lo que tengo, no lo que tendré. El momento perfecto para intentar ser rico y libre siempre es AHORA.

3. ¡Aclarando, que es gerundio!

Si a día de hoy no he conseguido lo que quiero, he fracasado. Es así de simple, no es malo y es obvio. ¿Quiero conseguir de verdad algo importante en mi vida? ¿Sí o no? Pues en caso afirmativo, debo empezar por asumir que el error (casi) nunca está ni en el «qué», ni en el «cómo»; el error está siempre en el «quién», que mira tú por dónde soy yo y mi pobre e ineficiente forma de pensar. ¿Duele? Sí. Lo sé, es así, pero tiene solución y es lo que voy a aprender. Si quiero ser «o rico o nada», con verdadera intención, y no con un flojo y patético deseo, tendré que cambiar diametralmente mi esquema mental y mi forma de vivir, y aprender que hay dos tipos de personas: los ricos y los que todavía no se han dado cuenta de que pueden serlo.

Y yo ¿de qué tipo soy? Y yo ¿qué estoy dispuesto a hacer para ser de los primeros? Porque si no estoy dispuesto a hacer (casi) nada, el resultado que obtendré será exactamente el mismo de ahora, ni más ni menos: la mediocridad absoluta. Seré uno más que entrega su valioso tiempo a precio de saldo. ¿Me suena esto de algo? ¡Pues eso!

¡ATIENDE! y asume lo siguiente: el dinero es tiempo y energía, nunca se malgasta, se invierte sin parar y siempre se respeta. Si soy uno de los que no lo hace, no merezco ni ser rico ni ser nada.

¿Qué estoy haciendo en la actualidad con respecto a mi tiempo, mi energía y mi dinero? Poco, muy poco. Pero no me preocupo por ello, ya que, de momento, soy el único que lo sabe, y sé que tiene solución. ¿Qué solución? ¡Mover el culo a la voz de YA!

4. Ideas para ir «abriendo boca»

1. Comprendo que ser rico en tiempo y dinero no es lo que creía. Y si no sé dónde debo llegar, ¿cómo cojones voy a llegar?
2. Nadie puede enseñarme a ganar dinero, y si lo creo, es una clara demostración de que soy un «encefalograma plano» y un perdedor antes de empezar a jugar siquiera.
3. Necesito dejar de ser un vago, igual que respiro, como o follo.
4. La vida es tiempo, decisiones y dinero.
5. Nunca opino sobre las creencias, ideas y opiniones de nadie.
6. Ganar mucho dinero usando mucho tiempo no es ser rico, es ser un «pringao» sin un objetivo claro.
7. Ser «o rico o nada» es una filosofía sólo reservada a quienes estemos dispuestos a «mover el culo» y merecerlo, sabiendo mantener el correcto equilibrio entre tiempo y dinero.
8. No todo el mundo tiene derecho a opinar. ¡NO! Sólo lo tienen aquellos que saben de un tema en concreto. Impacta y escuece, pero es así. Si sé, hablo e incluso opino. Si no sé, me callo y escucho a quienes sepan más que yo. El resto, ¡chitón!
9. ¡No hago caso a nadie!, salvo a quien me demuestre que ha conseguido lo que yo quiero.
10. Quien quiera, quien lo sienta en sus entrañas, lo conseguirá, pero nunca será ni rápido ni fácil. Será duro, largo y «orgásmico». Habrá muchos que ni lo intenten, otros se quedarán a medias, y otros, los más intencionados, interesados y persistentes (entre los que me encuentro), llegarán hasta el final.

Y ahora, respiro y me tomo tres minutos para «asumir» los citados conceptos, leyéndolos las veces que necesite. Cuando esté listo, sigo.

¡ATIENDE! Como no lo tenía claro, he acudido al diccionario para aprender el significado de una palabra que aparecerá de modo recurrente en este libro. *Asumir*: hacerme cargo, responsabilizarme, aceptarlo y hacerlo mío.

5. ¿Qué gana quien lea el libro con atención?

Antes de nada, y para que nadie ose decir que no le he avisado, quiero explicar de modo preciso qué ganará quien decida leer este libro y ponga en práctica sus ideas, demostrando así un notable rasgo de inteligencia.

A partir de este momento, todos los conceptos que aparezcan relativos a gastar dinero, gestionar bien el tiempo, consumir energía, nunca más trabajar por dinero, grabar un reloj, moverme como un rico, decidir el lugar donde «me conviene» vivir, saber cuáles son las únicas cuatro maneras de ganar dinero que existen, conocer a mi «amigo» el triángulo de inversión, hacer que el dinero «baile» para mí a través del «Bucle», sin pagar impuestos (legalmente), estar en permanente estado de «focus» (sin despistarme nunca), conseguir el éxito esperado, ser capaz de crear un «código» que nunca transgreda y ser rico en tiempo y dinero... ¡son tan tuyos como míos!

¿Qué aprenderé si leo el libro?

1. A contestar las seis preguntas vitales para ser rico.
2. A saber cómo se transita en seis años desde una doble ruina hasta seis millones de dólares.
3. A aprender cómo se ejecuta el Plan ORON.
4. ¿Cómo, y cuánto, crece el dinero en catorce años (2006-2019)?
5. A asumir que si decido ser rico, ¡lo seré!

6. ¿A quién va dirigido este libro?

Tengo claro que este libro no es para cualquiera. No es para incrédulos, mediocres, criticones, quejicas, costumbristas, envidiosos, conservadores, vagos, perezosos, desconfiados o narcisistas. Si eres uno de ésos, ¡regala el libro!

La vida es muy corta y es un pecado desperdiciar el tiempo, el activo más importante del que dispongo, haciendo estupideces (acciones poco inteligentes). La vida es muy corta para no tirar a la basura, sin contemplaciones, todo lo inservible. La vida es muy corta para no enfocarme en potenciar mis capacidades. Y la vida es muy corta para no entender, comprender y asumir que ya tengo dentro de mí, o sé dónde encontrarlo, todo lo necesario para hacer que ésta sea exactamente como quiero y como soñé, aunque todavía no sepa que «La vida es tiempo, decisiones y dinero».

Mi vida de hoy es el resultado de lo que decidí hacer con mi tiempo: si hoy en día no he conseguido lo que quiero, significa que lo he usado mal y he fracasado. ¡Punto!

Ahora bien, el fracaso no existe, sólo existe si me paro. Y no estoy dispuesto a detenerme. Si mi forma de pensar, y actuar, me ha traído hasta este lugar, es obvio que debo cambiarla, es obvio que si hoy no tengo lo que quiero, si hoy no soy como quiero, «algo» debo cambiar, ya que el fracaso nunca está en el «qué» ni en el «cómo». ¡Está en el «quién»!

Si quiero que mi futuro sea diferente, debo destruir para construir.

ASÍ QUE si me considero inteligente, o listo, curioso, si no he conseguido lo que quiero o merezco, si tengo lo que hay que tener, seguiré esa firme intención de intentar ser rico en tiempo y dinero, rico y libre, rico para hacer con mi vida lo que me dé la gana, entregando el menor tiempo posible para hacer que el dinero trabaje para mí, sin estar limitado por nadie: ¡de esto va este libro! De vivir *a contrario sensu*, ya que si hago lo que hace la mayoría, ¿qué obtendré? Lo que obtiene la mayoría. ¿Y qué obtiene? ¡Una mierda! ¿Quiero eso? No. ¿Qué tengo que hacer? Lo contrario. ¿Lo tengo claro? Sí. ¡Pues eso!

¡De todo esto también va este libro!

¡Bien! Si todavía estoy aquí, no estoy «cagado» de miedo y siento «mariposas» en el estómago, es que quiero que ¡EMPIECE EL JUEGO!

Pero antes, dos avisos:

1. La potencia y brutalidad de la «chicha» de los capítulos irá *in crescendo*: desde aquí y hasta el capítulo final «¡Moviendo el culo!».

ASÍ QUE voy a tener paciencia y no me saltaré ninguno, yendo a los «aparentemente» más excitantes. Soy yo quien ha diseñado el Plan y así te digo que debe ser la primera lectura. ¡Ah!, ¿que sólo pensabas leer el libro una vez? ¡Ya veremos! Te deseo buena suerte.

2. Para vivir hace falta dinero. ¡Lo conseguiré!

El dinero es necesario, debo ganarlo, y empiezo, como todos, desde cero, sin nada. Aunque no lo tenga, leo el libro, y mientras lo leo, no dejaré de pensar, ni un minuto siquiera, en ¿cómo «hostias» voy a conseguirlo?

Y sin más dilación, me meto en el Plan.

¿Creo que estoy preparado para lo que se me viene encima? ¿Seguro? No lo sé, pero sé que el mejor momento para hacer algo siempre es ¡ahora!

1

Nací siendo una estrella

Soy el actor principal de mi película, la «estrella». Soy quien triunfa o fracasa, algo que nadie puede hacer por mí.

Todo, absolutamente todo, comienza con un «quién», y ese «quién» soy yo. Y sé que ya tengo dentro de mí todo lo necesario para vivir como quiero.

ASÍ QUE sólo debo encontrarlo y hacer que trabaje para mí, a mi favor, y dejar de perder el tiempo buscándolo fuera.

¿Qué debo asumir hoy aquí?

1. Cuando nací era una estrella que fue perdiendo brillo y que hoy, como adulto, no permitiré que defraude al niño que fui. Y si no pongo todo de mi parte para conseguirlo, es que soy un «mierda».
2. En mi vida asumo mi «individualidad» y obvio mi «personalidad».

Lo primero es mi esencia, quien soy realmente. Lo segundo es lo que terceros validan o piensan que soy. ¿Qué pienso de ellos y de lo que piensan? ¡Que me trae al pairo!

1. Una historia cualquiera

¡Vamos con la idea principal! Nací siendo una estrella.

Resulta curioso que el ser humano, poseedor de un sentimiento innato para autodirigirse, no lo intente seriamente hasta encontrarse inmerso en una situación jodida, y siempre más tarde de lo que «toca». No sé por qué, pero es así. Imagino que será, como casi siempre, por comodidad, lo cual resulta una absoluta estupidez, ya que para avanzar en la vida y conseguir algo de valor, no queda otra que buscar permanentemente situaciones incómodas, más que nada para aprender algo que merezca la pena. Si busco siempre la comodidad y la aparente seguridad, los resultados serán pobres. ¿Y no estoy aquí para ser rico y libre, y hacer con mi tiempo lo que me plazca? ¡Pues eso! Si hoy, como mañana y como pasado, no estoy dispuesto a «mover el culo», es señal inequívoca de que estoy en un mal punto en mi vida y como no me «ponga las pilas», no me comeré ni un torrado.

¡Sigo!

Al nacer no era nadie y comencé a recibir estímulos: de mis padres, de los profesores, de los compañeros de colegio, de la televisión, de la radio, del Estado... y de repente, sin darme cuenta, me «planté» en los 15 años siendo un adolescente sabelotodo e insoportable, que no tenía ni repajolera idea del funcionamiento del mundo del dinero (algo común en el país donde nací), omnipresente concepto en la vida de cualquier ser humano, y que, quiera o no, me acompañará hasta la tumba. Y a veces, si no soy previsor, hasta después de la tumba (si alguien duda, que pregunte al fisco).

O sea, yo era, como todos a mi edad, ¡un panoli!

Pasó el tiempo y me volví más insoportable, si cabe, pero de momento continuaba siendo «virgen» social y económicamente inocuo: sin documento nacional de identidad, ni seguridad social, ni obligación de pagar impuestos, ni de votar, ni cuenta corriente, ni tarjeta de crédito y, por supuesto, lejos aún del acceso a los fondos de inversión, planes de pensiones, de jubilación e hipotecas. En resumen: ¡un ser humano inconsciente!

Era un momento crucial y delicado, aunque yo no tenía posibilidad de darme cuenta de hacia dónde me dirigía, de lo que me encontraría y mucho menos de dónde buscar el conocimiento necesario para ir desde mi punto de partida hasta mi objetivo (fuese el que fuese). Es decir, que me encontraba en el desierto, esposado y encapuchado por unos desconocidos, que en un momento determinado me soltarían las esposas, me ordenarían que comenzara a caminar, y se marcharían en su *jeep* dejándome más solo que la una. ¿Puedes cerrar los ojos e imaginarlo por un momento?

Tras cinco segundos: así me encontraba yo, exactamente igual que se encuentran los jóvenes, y no tan jóvenes, de hoy en día. Estaba en un momento crucial en el que no tenía la más mínima oportunidad de saber exactamente cómo salir del entuerto. Y si a eso le unes mi actitud de vago redomado, ¡apaga y vámonos! Era como si el funcionamiento del mundo del dinero, y la gestión del tiempo, no fuesen conmigo. Además, y para rematar, no existía internet ni teléfono móvil. ¡Era una situación dura de verdad!

En definitiva, yo era alguien que no existía para el sistema, no merecía ser controlado, un iluso desinformado e inculto que no tenía ni siquiera un ligero conocimiento de la «sorpresita» que el sistema me tenía preparada: el mal llamado «estado de bienestar».

Comentario no solicitado: ¿quién es la lumbrera que osó juntar esas dos palabras que tanto se repelen? Me parece un grave insulto a mi inteligencia que me hayan intentado vender durante tanto tiempo esas dos palabras juntas (*Estado* y *bienestar*), que no se merecen, ni siquiera, estar en el mismo párrafo. Dicho con claridad: la palabra *Estado* es repelida por la palabra *bienestar*, ya que son polos opuestos. La palabra *Estado* no merece ir junto a *bienestar*, y mucho menos insinuando siquiera que es capaz de conseguir lo segundo para el ciudadano. Simplemente porque el Estado agoniza y no es capaz de casi nada en beneficio real de nadie, es lo opuesto a bienestar, ya que controla todos los derechos individuales, aplicando la violencia (física o no), muchas veces de modo desproporcionado, e incapaz de provocar, ni en sus sueños más «húmedos», el bienestar de sus «súbditos» (que es lo que «aparentemente» somos).

Simplemente escuchar la palabra *Estado* ya provoca malestar general, salvo, obviamente, para la masa borrega carente de la más mínima capacidad de discernimiento, imaginación o creatividad individual.

¡Sigo!

Todos hemos estado ahí y hemos caído en la trampa. Pero no es para desanimarse, ya que, como me decía mi madre constantemente: «En la vida todo tiene solución menos la muerte». ¡Sí! Todo tiene solución, y como hoy ya he dejado de ser inculto, me resarciré, aprovecharé y beneficiaré de todas las «putadas» que intentaron hacerme en su momento.

Toda experiencia, por jodida que sea, trae aparejado un aprendizaje que constituye una lección de vida. ¿Qué es lo más importante que aprendí? Todo lo relacionado con la gestión del tiempo, toma de decisiones, dinero e impuestos. Y por ello estoy aquí, para mostrar todos los antídotos a los «venenos» que nos intenten inocular esa pandilla de cretinos. ¡Eso es lo que son! Pero debo estar muy atento, porque no hay nada más peligroso que un cretino mediocre, con mentalidad de funcionario, y motivado, usando un mojigato lenguaje inclusivo.

Seguimos con la historia. Ya estando a punto de convertirme en un miembro de pleno derecho del «Club de los Borregos» (miembro del inexistente «estado de bienestar»), pasé de la noche a la mañana, y sin darme cuenta, a tener documento nacional de identidad, carnet de conducir, acceso (obligatorio) a la «seguridad social» (lo pongo en minúsculas a propósito, ya que no es ni segura ni social), conseguí mi primer, y único, trabajo por cuenta ajena (jugador profesional de baloncesto) y contraté un plan de pensiones. Dos notas al respecto: 1) lo pongo también en minúscula, porque el producto financiero no merece ni una sola mayúscula, y 2) ¡cómo pude ser tan gilipollas de contratar uno de ellos! Y si se me perdona: ¡otro de jubilación también! Ergo si yo he sido capaz de salir de esa bazofia y aprender para ser rico en tiempo y dinero (casi), cualquiera puede.

¡Y que nadie toque las minúsculas!

Me compré un libro sobre fondos de inversión pensando que era lo más *cool*. ¿*Cool*? Un imbécil de los pies a la cabeza, eso era yo.

Compré mi primera vivienda (llegué a tener siete) con hipoteca, obviamente, y seguí «ganando puntos» para ir ascendiendo, ¡como si fuese un mérito!, en el «Club de los Borregos», lo que me supuso un conjunto de desventajas reales de las que me llevó años desprenderme. Hoy, gracias a no sé quién, ya no queda ningún resquicio de la «mierda» que fui. ¡Hazme caso! ¡No es decente vivir limitado, por nada ni por nadie!

Ya no me cuestiono todo aquello. Ahora simplemente pienso qué es lo que quiero y actúo, sin pararme a pensar en qué opina el resto sobre mí, sobre lo que hago o sobre cualquier otra cuestión. ¡Me importan un bledo! Como decía mi madre: «¡Que cada palo aguante su vela!».

¿Por qué digo esto? Porque miro a mi alrededor y veo personas a las que no les gusta el trabajo que realizan, al que dedican mucho tiempo y energía a cambio de poco dinero y muchos impuestos. Y pienso: «¿tiene sentido?». ¿Por qué yo lo veo y ellos no? O si lo ven, ¿por qué no hacen nada? Y responder que no puedo o es imposible no es admisible como respuesta. Todo es posible: sólo hay que tener un plan y dar el primer paso. ¿Tiene sentido vivir así? ¡Pregunta anulada por tonta!

Yo no quería eso para mi vida cuando me encontré en el fango a los 33 años con mi segunda ruina. Yo quería ser rico y libre, y ésa es la razón por la que diseñé el Plan ORON y lo cumplí a rajatabla.

Al principio costó, pero hoy ya es parte de mí, como andar en bicicleta.

La vida es tiempo, decisiones y dinero, y así todo está bien. Porque el resto, lo que tenga que ocurrir, teniendo en cuenta que la vida se autodirige, haga lo que haga, ocurrirá. ASÍ QUE me enfoco única y exclusivamente en lo que puedo controlar. ¿El resto? Se lo dejo a los periodistas, políticos y analistas financieros.

Cuando me paré, cuando estaba inmerso en el diseño del Plan, me di cuenta de que si no estaba muy atento, caería con suma facilidad en una situación de desequilibrio a la hora de mezclar el «cóctel». ¿Y qué es el «cóctel»? Es la mezcla que todos tenemos que hacer usando los siguientes «ingredientes»: ingresos, gastos, impuestos, tiempo y energía, que veremos en el capítulo 10. No hay otra alternativa. Tengo que arriesgarme a hacer la mezcla, pero obviamente, el orden en el que introduzca los ingredientes para ser rico en tiempo y dinero importa, y mucho.

¡Sigo!

«¡Venga, va! Lo primero es reconocer que la "he cagado"», me dije.

Pero nunca está todo perdido y sé, aunque cuesta asimilarlo, que soy capaz de conseguir cualquier cosa que me imagine y proponga. De hecho, estar en el pozo es lo mejor que me pudo pasar para renacer de mis cenizas, ya que cuando estoy ahí, nada tengo que perder y es cuando doy lo mejor de mí.

Y ahora es momento de contar un simple secreto, que uso un día sí y otro también, que es un superpoder que tengo, y tú también, que consiste en ordenar a mi mente que se ponga en «modo fango» para sacar lo mejor de mí, una y otra vez, y siempre que quiera. La mente no distingue entre realidad o ficción, y hará sin rechistar todo lo que se le ordene. Puede reproducir la emoción, tanto de un hecho pasado maravilloso como de uno horrible, y como cuesta lo mismo, siempre le ordeno que se ponga en los estados que me convenga en cada situación, incluso en el «modo fango». Nunca olvido que es un arma que siempre tengo a mi disposición.

¡Sigo!

Un día me pregunté: «¿En serio que esos "tipejos" quieren jugar? ¡Juguemos pues!». Sí. Para ganar, o perder, no existe otra alternativa. ASÍ QUE, para preservar mi libertad, debo jugar.

Cuando comencé a diseñar el Plan ORON era muy consciente de que debía tener mucho cuidado, porque en todo proceso de cambio creativo llega un momento en el que aparecen las «hienas» (mediocres, envidiosos, malintencionados, pazguatos, costumbristas y cretinos), que no han conseguido nada importante en sus vidas y les molesta que yo lo consiga, y seguirán taladrándome la cabeza con las patéticas ideas sobre que el grupo es más importante que el individuo, la necesidad de un trabajo fijo (que nunca ha existido), la conveniencia del derecho de cobro de no sé cuántos días por año trabajado en caso de despido improcedente (una lacra para la mente), y cómo no, con «la brillante» idea, uno de los mayores errores de la historia económica mundial, que constituye la guinda del «pastel»: «Debes comprarte una casa», con su hipoteca, por supuesto, ya que vivir de alquiler es tirar el dinero.

Hasta aquí lo que hace alguien mediocre, que obviamente ni es rico ni libre. Los ricos y libres no poseen, usan, y ya he dicho alguna que otra vez que: «Si corre, vuela, navega o es una casa, mejor alquilar que comprar».

Cada vez que veo, escucho o leo noticias relacionadas con el dinero pienso: «¿Quién les ha dado clase de economía a todos estos? ¡Clases de cómo perder dinero es lo que demuestran haber recibido!». Ya decía Albert Einstein que había dos cosas infinitas en la vida: el universo y la estupidez humana, y de la primera no estaba absolutamente seguro.

Ya he dicho que en la vida o hago lo que quiero, o lo que otro quiere que haga. ¡No hay otra! Si hago lo segundo, nunca seré rico. Todo bien.

¡NO! ¡Todo bien, no! Yo quiero ser rico y libre, y hago lo que quiero y no me dejo manipular. ¡Es mi firme decisión!

Desde hoy me hago responsable, dueño y señor de mis decisiones, acciones, tiempo y dinero, con simplicidad y para siempre, ya que una persona es lo que hace, no lo que piensa, ni lo que dice que hace.

Desde ese momento decidí que no iba a permitir que nada ni nadie contaminante entrase en mi vida.

Y para ello...

2. ¡Aquí te presento «My six pack»!

Son mis normas para relacionarme, mi «prueba del algodón» para saber si «mezclarme» con alguien o no, con el objetivo, ya que la vida es tan corta, de no perder el tiempo con tontos y sus tonterías. ¡Éstas son!

1. Nunca me digas qué tengo que hacer.
2. No toques mis cosas (ni materiales, ni inmateriales).

3. Contesta siempre a mis preguntas si quieres que conteste a las tuyas.
4. No opines sobre mis opiniones salvo que te lo pida.
5. Juego mi vida impecable e implacable.
6. Vivo despacio, no alteres mi ritmo.

Y ahora retomo la individualidad y la personalidad.

El individuo es libre. El personaje es un esclavo. ¿Qué prefiero ser? Pregunta anulada por tonta.

Parece una gilipollez, pero no lo es. ¡Soy un individuo! No soy un personaje. La individualidad es verdad. El personaje es una filfa.

¿Para qué quiero que un gran número de personas me presten atención? ¿Sólo para seguir agrandando mi personalidad, mi personaje? ¡Se acabó! ¡Me agota! Y cuanto más permita que una situación potencie mi personaje, más me alejaré de mi individualidad. Y hacerlo es el principio del fin.

Mi individualidad es mi esencia, y uno de los requisitos para ser rico en tiempo y dinero. ¡Y yo quiero serlo! Abandonar la personalidad y abrazar la individualidad es un objetivo en sí mismo.

Personalidad

Es algo que puede engañar a los demás, pero nunca a mí. Yo sé quién soy y quién no. Hoy en día, si abrazo la personalidad, seré un ser conformista, previsible, obediente con la sociedad y sus demandas, y que vive acorde con los falsos valores que conforman la sociedad actual, que está profundamente dormida. Y yo ni soy conformista ni estoy dormido.

Si lo que realmente quiero es esa clase de adoración, respetabilidad y fingimiento, me volveré más falso, más seudo, más de plástico.

Individualidad

Es mi esencia, quien realmente soy, es sin lugar a dudas el objetivo del «quién» que debo alcanzar. Seré rico por mí y para mí, y nunca por lo que los demás piensen. Como se ve, es una idea absolutamente contraria al pensamiento mayoritario de la masa borrega que campa a sus anchas por internet. Hoy en día se debe demostrar, ostentar, «parecer que se es» rico o lo que sea. Fingimiento y falsedad.

El público es quien valida, atendiendo a lo que tienes, o parece que tienes, si eres rico o no. ¡Craso error! Yo, y nadie más que yo, defino qué es ser rico. Yo recorro el camino y doy fe de si lo soy o no, sin necesitar la validación ni el apoyo de nadie y, por supuesto, nunca ostento, ya que la ostentación, una vez más, es un rasgo de verdadero «pringao». Quien ostenta para «vender» o necesita hacerlo es otro «pringao». Vender es aburrido y tedioso. El poder, siempre que tenga dos dedos de frente, siempre lo tiene el comprador. Siempre he dicho que yo no vendo, me compran. Ahora que ya me dedico exclusivamente a ganar dinero con mis inversiones, ni siquiera tengo que fingir o «hacer que vendo». ¡En fin, no me hagas caso!, será mi deformación profesional, la de un tipo que lleva ya muchos años, quizá demasiados, haciendo que el dinero «baile» para él, sin tener que vender, ni convencer, a nadie. La de un tipo que ha vendido mucho en su vida usando su personaje, y ahora quiere recuperar a su individuo, quiere volver a SER, y sólo se dedica a invertir para hacer crecer su dinero sin parar, y quien, además, piensa que vender para ganar dinero es una acción soporífera, propia de «personajes» y no de individuos auténticos. ¿Sorprendido? Porque este libro también trata de ganar dinero sin vender, entre otras muchas cosas.

El día que consiga disfrutar de mi individualidad seré libre de la dependencia de los demás, ya que sé que si les pido su atención, tarde o temprano, tendré que corresponderles pagando un alto precio por ello. Es una dependencia que dificulta mi libertad y ya he comentado antes que no me gusta nada que me digan qué tengo que hacer. Cuanta más atención pida a la gente, más me convertiré en una «cosa», en un bien que se puede comprar y vender. El día que me despoje de mi personalidad y sea simplemente un individuo, seré libre. Sabio es aquel que sabe quién es y nunca necesita serlo a través de los demás. Individualidad es saber quién soy. Y nadie tiene por qué validar nada de lo que hago ni de lo que soy. Personalidad es responder a lo que el exterior valida, y a lo que dice que soy. La personalidad es falsa; la individualidad es auténtica, es mi esencia. El sabio es rebelde e inconformista y nada tradicional; yo no llego a todo, pero sí soy rebelde. Y algo es algo.

La rebelión es el sabor mismo de mi ser. El sabio tendrá poca gente escogida, el santo no. Jesús era un sabio; el papa es un santo. ¡Evito el personaje y me lanzo a mi individualidad! Lo primero es lo primero, y lo primero es asumir que soy un individuo, no una personalidad. Lo primero se construye conmigo de testigo, para lo segundo necesito al resto, y la personalidad lo destruye todo. ASÍ QUE debo asumir que, en primer lugar, hago las cosas para mí y después para los demás: primero soy un individuo y luego, a años luz, quizá sea un personaje. Sé que cuesta, pero créeme, funciona.

¿Por qué voy a preocuparme por lo que piensen sobre mí personas que no me conocen de nada y a las que no conozco? Si lo hiciese, no sería más que otro estúpido, cosa que no soy.

El ingrediente más importante para ser rico siempre es el «quién», o sea yo.

Y yo lo tenía todo, lo perdí y decidí recuperarlo.

¡Moviendo el culo!

1. Sé que nací siendo una estrella. Así que cada mañana al levantarme me pongo frente al espejo e incluso con legañas, me digo: «Soy el número uno de mi vida, estoy solo y nadie hará nada por mí. ¿Queda claro? ¡Pues eso!».
2. Elimino todas las capas de «mierda» del pasado que llevo encima y me centro en el presente y en representar el papel de actor principal de la «película».

3. Hago un esfuerzo por recordar qué me gustaba cuando era niño (hago una lista), y pienso: de todo ello, ¿qué se me da bien hoy?, para que quien soy no defraude al niño que fui, que es a quien debo recuperar a toda costa, ya que ¡me va la vida en ello!

4. No espero absolutamente a nadie. Hago lo que quiero y no lo que otro quiere que haga.

2

Fui un estúpido materialista

> No es más rico quien más tiene, sino quien sabe qué y cuánto necesita.

Supe muy pronto que serlo no me llevaría a ser rico, y tuve que cambiar mi forma de pensar drásticamente, desapegándome del resultado y dejando de pensar en dinero constantemente, un error muy común en todos aquellos que no consiguen cosas importantes en sus vidas.

¿Qué debo asumir hoy aquí?

1. Sé que nací siendo una estrella y que, poco a poco, fui transformándome en un estúpido materialista, dejándome influenciar por la mayoría, perdiendo así mi potente individualidad.
2. Reconozco que fui un estúpido (necio, falto de inteligencia, bobo, cretino, imbécil) materialista (persona excesivamente preocupada por los bienes materiales). Pero eso se acabó hace tiempo, y hoy esas dos palabras ya no existen en mi vida y he vuelto a ser una estrella.

¿Y por qué tardé tanto tiempo en enfocarme? ¡Buena pregunta!

En 1999, la segunda ruina «llamó» a mi puerta para darme un sopapo en toda la cara, ponerme en mi sitio y entregarme un claro mensaje: o cambiaba de forma de pensar y dejaba de ser un estúpido materialista, o nunca conseguiría nada en mi vida. ASÍ QUE a «hostias» vi la imperiosa necesidad de transformarme en una persona enfocada, eficiente y minimalista, para lo que tuve que trabajar intensamente si quería mejorar mis pobres resultados. Reconozco que es fácil escribirlo y difícil ponerlo en práctica. Pero nadie dijo que iba a ser fácil. ¡No hay otra! «El que quiera peces, que se moje el culo.»

Y eso es lo mejor de estar en el fango: que o lo haces, o lo haces.

No hay nada que perder y no hay otra alternativa. Lo mismo que he reconocido que no resulta tarea fácil cambiar de forma de pensar, también digo que hoy en día me sería inviable, e impensable, volver a ser un estúpido materialista. ¡Ni falta que hace!

Y es curioso, porque me doy cuenta de que el 90 por ciento de los que me rodean lo son, ¡y así es como tiene que ser!, y está bien que así sea, ya que si «todos» estuviésemos enfocados, las «oportunidades» no existirían.

Situándome

Reconozco que antes de mis dos ruinas (1996-1999) nunca me había faltado el dinero, incluso podría afirmar que tenía «demasiado», pero no era rico en tiempo y dinero, me sentía «pobre» y sin capacidad de poder escapar de los «usos y costumbres» de la mayoría. Eso me repugnaba (no ser capaz de escapar). Por ese motivo un buen día me dije: «Quiero ser rico y libre», la rebelde respuesta de mi cuerpo a la insatisfacción que vivía. No tenía ni repajolera idea de cómo lo iba a conseguir, pero sabía que lo haría, y eso ya es mucho. Tenía un «quién», un «qué» y un «para qué». Ya sólo quedaba diseñar el «cómo» (Plan ORON) y caminar.

¿Cómo era yo realmente y cómo pensaba por aquel entonces?

La ruina, obviamente, me había colocado en el fango absoluto, me había quitado la tontería de golpe, situándome, a la vez, en la mejor situación posible para hacer cambios y tomar importantes decisiones. Tuve que estar ahí para aprender la importancia de sentirme solo, en lo más profundo de mi ser, y sólo en el primer escalón hacia mi éxito. Pero era MI escalón y era MI éxito. Algo que nunca debe olvidarse. En definitiva: vivir el presente con las cartas que se tiene en cada momento y saber dónde se está en la escala que va desde el «fango» al «orgasmo».

Empezando

Así fue. Dicho y hecho. Tomé la decisión de diseñar el Plan ORON para transformarme en rico en tiempo y dinero. Empecé en 1999 y tenía previsto conseguirlo para el 2010, aunque terminó abruptamente a finales de 2006, cuando (casi) lo conseguí. Desde entonces, nunca he dejado de usarlo, aunque de una manera diferente a la que estoy contando aquí. Pero «no nos adelantemos».

Si quería aplicar mi Plan, necesitaría dinero. ¿Para qué? Para volver a especular (por tercera vez) en el mercado de Futuros del S&P 500 de Chicago. ¿Con cuánto? Con 150.000 dólares más o menos. ¿Cómo iba a conseguir el dinero? Lo conseguí de una manera de la que no estoy orgulloso: pedí el dinero a personas cercanas, explicándoles que el dinero era para A, cuando realmente era para B, lo que hubiese podido representar mi tercera ruina; no sólo económica, sino también social. Pero todo salió bien y devolví mis préstamos con sus correspondientes intereses, lo que produjo uno de los mayores milagros de mi vida. ¿Cuál? Desde entonces nunca me he vuelto a endeudar, en nada y con nadie. Y te digo una cosa: ¡qué bien se vive sin deudas!

Resumen: diseñé el Plan, pedí dinero, grabé mi objetivo «KOSTOLANY 1.000/2010» (ganar mil millones de pesetas, seis millones de euros, para el 31 de diciembre de 2010) en el reverso de mi reloj y me recluí hasta que conseguí llegar a

5.500.000 dólares a finales de 2005, momento en el que, «quemado» mentalmente, sentí que todo había dejado de tener sentido y decidí poner fin a esa aventura, lo que provocó en mí un estado de felicidad absoluto (no por el dinero, sino por la decisión de parar).

Materialismo costumbrista

La vida es incertidumbre y cambio, y no hace falta darle más vueltas.

Me programaron para «tragármela» doblada en la creencia de que comprar una casa (con hipoteca, por supuesto) era la mejor inversión posible de cara al futuro (esclavitud encubierta y una pésima opción financiera), haciéndome creer que su precio nunca bajaría, un plan perfecto para la jubilación, lo que constituye una de las falacias más colosales de la historia.

Inciso. En 2006, cuando publiqué mi segundo libro (*Cambio de vida: cómo me hice rico*), en el que hacía una comparativa financiera homogénea, que no emocional, sobre qué era más rentable, si comprar una vivienda o vivir de alquiler, me tacharon de loco e inculto. Estábamos a dos años de que pinchase la burbuja de las *subprime* y yo ya hablaba de la que «se nos venía encima», razón por la cual continuaron descalificándome.

Hasta que llegó el fatídico 2008, fecha en la que ocurrieron dos cosas significativas: 1) al no tener exposición ninguna al «ladrillo», gané mucho dinero, y 2) ellos, los «verdaderos» incultos financieros, dejaron de decir sandeces sobre mi comparativa, «aparcando» sus teorías sobre las bondades de la inversión inmobiliaria (producto «sucio» y que no merece subir de precio, más allá de lo «inflacionariamente» razonable). ¡Acerté, y me alegro de haberlo hecho!

Axioma. Todos los mercados, y el del «ladrillo» no es una excepción, suben y bajan de valor, aunque en España parezca ser la «única» inversión posible, motivo de culto y de discusión en cuanto alguien se posiciona en contra, como estoy a punto de hacer.

La inversión inmobiliaria es mediocre, sin liquidez, de baja seguridad si se solicita hipoteca (lo habitual) o de seguridad media si no se solicita, una atadura de la que es complicado zafarse durante muchos años, que erosiona gravemente la oportunidad de ser rico en tiempo y dinero, y la libertad de movimientos, que es la que más, y más altos, impuestos soporta y una supina estupidez financiera, lo mismo que afirmar que constituye una inmejorable «garantía» de cara a la jubilación. No sé tú, pero yo por si acaso no me jubilaría.

¿Por qué es tan complicado salir del pensamiento colectivo?

Por la programación y el sistemático «lavado de cerebro» al que nos han sometido gracias a las mejoras tecnológicas. Además, a la mayoría todo eso le parece «normal», aunque siempre lo negarán en público.

¿Qué puntos identifico en esa masiva programación?

1. Ser envidioso de cara a los logros de los demás.
2. Ser un parásito gregario que descuida su individualidad.
3. Dejarme coartar y limitar en lo concerniente a mi potencial personal.
4. Sentir que la propiedad privada ya no es importante.
5. Tener miedo a decir y hacer lo que pienso.
6. Aceptar la continua injerencia del Estado en la vida de sus «súbditos».
7. Ser una persona que sólo sirve para pagar impuestos y criticar a todos aquellos que se preguntan y cuestionan el «porqué» de todo eso.
8. Aceptar la comodidad que «aparentemente» ofrece el Estado a cambio de no responsabilizarme de mis propios actos, dejándome manipular como un «pelele».

9. Aceptar como normal la «seguridad social» (¡no me toquen las minúsculas!) o el sistema de pensiones (¡tampoco me las toquen!), confiando en «ambos» como compañeros de vida, cuando no lo son.

10. Confiar ciegamente en que será el Estado quien me saque «las castañas del fuego», acomodándome y alejándome del sano individualismo que me provoca la tentación de lanzarme en brazos del parasitismo.

11. Consumir sin parar pensando que es la mejor manera de apoyar mi calidad de vida. ¡Menuda chorrada! Aceptar la creencia de que así habrá más emprendedores que den trabajo a la «masa» para que eso, a su vez, haga que se produzca más y así se siga consumiendo sin parar. ¡Que no, joder! Crecer por crecer, sin satisfacer ni atender mis necesidades (¡y mira que son pocas!) es ser «tonto del haba». O sea, para lo que intentan programarme.

    Una persona que crea que el crecimiento ilimitado es compatible con un planeta limitado es tonta o está loca o es un economista teórico pagado por alguien «oscuro».

12. Creer que en los medios de comunicación está toda la información y conocimiento que necesito, alejándome paulatinamente del lugar donde realmente se encuentra: en los libros y las experiencias incómodas.

Todo esto identifico, ¡así en un momentito!, sobre la programación masiva.

¡ATIENDE! Soy un firme defensor del individuo y contrario al «aparente» proteccionismo del Estado. Así que si no os importa, pago de mi bolsillo, tanto mi seguro de salud como mi plan de jubilación, que «fabrico» yo mismo, de manera eficiente, discreta y privada. No quiero ningún plan de pensiones, ni la ridícula deducción fiscal a corto plazo que ofrece el Estado a cambio de perder liquidez durante un mínimo de treinta años para luego recibir una «hostia» fiscal (al tipo del IRPF) cuando se produzca la retirada del capital, y menos cuando lo gestiona un banco que cobra unas comisiones «indecentes», visibles e invisibles. ¡No, gracias! Para perder mi dinero, mejor lo pierdo yo.

Además, regla de oro: ¡Nunca acepto nada que me ofrezca una entidad bancaria, ni financiera, ni una compañía de seguros!

ASÍ QUE ¡vamos a ver una cosita!, sencilla de comprender (casi) por cualquiera, que consiste en que si quiero ser rico y libre, debo atender a lo siguiente: 1) nunca aceptaré algo que me vengan a vender (el vendedor viene preparado y yo estoy desprevenido), y 2) debo aprender a gestionar mi dinero y no confiar en nadie para que lo haga por mí.

Por mi parte, hace años que no veo la televisión, consumo prensa y radio con moderación y busco el conocimiento en los libros, en las experiencias incómodas y en personas sabias que hayan conseguido lo que yo quiero. Conmigo no han conseguido esa mierda de la «programación», pienso por mí mismo, ignoro a la masa y sé perfectamente a quién acudir cuando quiero recibir consejo.

¡Bien! Aunque parezca todo perdido, tengo una buena noticia: «¡Se puede salir de la "rueda"!». ¿Cómo?

¿Cómo salgo de un callejón sin salida?: ¡por donde he entrado! ¡Pues eso!

Lo hago por mí mismo

¿Me apunto o me «cago en los pantalones»? ¿Soy capaz de actuar por mí mismo o necesito siempre la aprobación de los demás?

Si quiero ser rico, debo hacerlo por mí mismo, nadie me ayudará ni lo podrá hacer por mí. ¿Cómo me imagino que será un rico en tiempo y dinero, un parásito gregario o un verdadero individuo? ¡Pregunta anulada por tonta! Si quiero ser rico en tiempo y dinero, estoy más solo que la una. Si quiero ganar dinero, ¡nadie me enseñará! Si crees que el Estado te ayudará, o te dará el más mínimo apoyo, tengo dos noticias: eres más tonto de lo que pensabas y nunca serás rico; sencillamente, porque no lo mereces.

¡Sigo!

Las «trampas» que «me» ponen en el camino están claramente destinadas a tres objetivos principales: la pérdida de mi liquidez, la entrega de mi privacidad a cambio de una «aparente» seguridad, y mantenerme alejado del conocimiento de las auténticas normas que rigen el funcionamiento del mundo del dinero, la inversión y la elusión fiscal (minoración legal del pago de impuestos). Todo ello hace que sienta una falsa sensación de control, cuando realmente estoy poniendo mi vida en manos de otros. ¿Está todo perdido? ¡Por supuesto que no! Estoy intentando aprender lo necesario para ganar en el «juego».

¡Moviendo el culo!

1. Soy un individuo y no soy ningún «súbdito».
2. Disfruto de lo que tengo y consigo, y no quiero nada gratis.
3. Nunca más seré un estúpido materialista.
4. Soy minimalista, en todo y con todos.

3

¿Sé qué significa ser rico?

Un rico es alguien que posee un capital, o renta, suficiente para cubrir sus necesidades y «perversiones», que no trabaja ni se inclina ante nadie y puede mandar «a Parla» a todo aquel que no le agrade. Ése es el verdadero rico, el mayor reto, y lujo, de la vida y es ¡exactamente lo que yo quiero!

¿Qué dicen las azafatas que hay que hacer en caso de que se despresurice la cabina del avión? Primero: ¡póngase la mascarilla!, y luego «ya si eso» preocúpese de ayudar a los demás. Pues en la vida, ¡lo mismo! Hasta que no sea capaz de ganar dinero, mantener mi equilibrio emocional, aprender a invertir, dejar de fumar, adelgazar, comer de modo saludable, comprarme el *loft* de mis sueños o tirarme en paracaídas, me abstendré muy mucho de ir por la vida impartiendo «clases magistrales» de nada a nadie. Si no he conseguido algo, no tengo derecho a dar consejos de nada a nadie. Dicho más claro: si no sé de algo, callo, escucho y aprendo. «¡Porque no todo el mundo tiene derecho a opinar!»

Imagino que estamos pensando lo mismo: que el mundo está lleno de personas que hablan de todo sin saber de (casi) nada, y sobre todo de algo que nunca han conseguido.

Como no quiero ser impresentable ni mediocre ni ridículo, y sabiendo que me queda un largo camino, no pierdo el tiempo «enseñando» lo bueno que soy, ni escuchando a quien habla sin saber. Y con ello me daré cuenta de que puedo dejar de perder mucho tiempo para dedicarlo a cuestiones más excitantes y productivas.

ASÍ QUE hablo porque soy rico, sé cómo se recorre el camino y tengo conocimientos de dinero, inversión, gestión del tiempo, toma de decisiones y diseños fiscales. ¡Así son las cosas!, y así las voy a contar.

¿Qué debo asumir hoy aquí?

1. Presto atención, única y exclusivamente, a quien demuestre fehacientemente que ha conseguido lo que yo quiero.
2. Todas y cada una de las palabras que conforman la definición de rico de la contraportada.
3. Si gano mucho dinero usando mucho tiempo de vida, teniendo que estar pendiente de los clientes, del jefe, de las redes sociales o de lo que sea, ¡no soy rico! Soy un «pringao» con ínfulas que malgasta el activo más importante de que dispone (el tiempo), demostrando además que no me entero «de la misa la media».

¡Sigo!

Si no defino, y tengo claro, el concepto que constituye mi objetivo, difícilmente llegaré a él. Así que profundicemos hasta el fondo de la definición.

Cuando sea capaz de llegar al momento en el que pueda decidir hacer con mi tiempo lo que me dé la gana, sin depender de nadie, haciendo que el dinero trabaje para mí y nadie sepa cuánto tengo, ni dónde, ni pueda acceder a mi riqueza, entonces, y sólo entonces, podré llamarme rico en tiempo y dinero. Si no, no estará mal del todo, pero seré un rico de «medio pelo».

La vida es tiempo, decisiones y dinero, y me guste o no, el

tiempo, el sexo y el dinero son los activos más importantes de que dispongo, son los «reyes» indiscutibles de la «película». ¿Es verdad todo eso? Casi.

Respecto a lo que aquí me ocupa, en el correcto equilibrio entre tiempo, decisiones y dinero está el «o rico o nada», en dedicar gran parte de las decisiones al tiempo y poco al dinero.

Por mi parte, mi objetivo, mi Gran Capital (GC) para este libro es «el millón de euros» al que, cuando llegue, le «sacaré» un 10 por ciento neto anual. Es decir, ganaré (casi) sin mover un dedo 100.000 euros netos al año.

—¡Cómo! —te escucho murmurar con los ojos abiertos como platos.

—Como lo oyes, ¡pequeño saltamontes!

Y si el GC fuese de 2 millones de euros, podría obtener el mismo 10 por ciento neto como mínimo. ¡Que quede claro! ¿No sabes cómo? Para eso, entre otras muchas cosas, estoy hoy aquí.

¡Sigo!

Comparto aquí cuatro puntos primordiales, que si no tuviese claro serían un serio obstáculo para mi «candidatura» a rico en tiempo y dinero. De hecho, considero que es la razón fundamental de que haya tanta gente que lo intenta y fracasa.

Los cuatro puntos son:

1. El tiempo es más importante que el dinero.
2. «Quemo» el mínimo tiempo estrictamente necesario para ganar el dinero que me permita vivir como quiero. ¿Para qué más?
3. Uso el resto de mi tiempo para dedicarlo sólo a los «verbos esenciales» (lo veré en el capítulo 6).
4. Es de una estupidez preocupante usar más tiempo del necesario en ganar poco, o mucho, dinero.

¡Sigo!

Quizá ahora no lo vislumbre, pero el objetivo siempre lo debo establecer partiendo de la cantidad de gastos que desee «perpetrar» (mensual o anualmente). El gasto es el inicio de todo, y mi guía de control para no sobrepasar nunca el nivel de tiempo y energía que necesito para conseguir los ingresos que, una vez deducidos los pocos impuestos que legalmente tengo intención de pagar, me procuren el nivel de gasto deseado.

Es una estupidez financiera, y sobre todo vital, decir: «Establezco mi Gran Capital en 20 millones de euros». ¿Por qué marcaría yo tan a la ligera un objetivo tan alto y estúpido? Sinceramente, no lo sé. Pero la respuesta vendrá cuando tenga que responder a otra pregunta: ¿para qué los quiero realmente? No es eficiente, ni por tanto inteligente, desear más dinero del que realmente necesito. Ahora bien, ¡allá cada cual con su grado de «ambición» y avaricia! Para ganar ese dinero, tendría que entregar muchos cheques de mi «talonario» de tiempo, lo que daría como resultado un notable desequilibrio entre mi tiempo y mi dinero, «pata» vital del Plan ORON que no debiera desequilibrar nunca, y menos siendo consciente de ello: si uso gran parte de mi tiempo para ganar más dinero del que necesito, no sólo estoy desperdiciándolo, sino que demuestro que de inteligente tengo muy poco.

La eficiencia, como en casi todo en la naturaleza, debe presidir todos mis actos, y por tanto nunca me jactaría, como tanto cretino que pulula por internet, del desperdicio de tiempo, dinero, energía o pago de impuestos. Es por ello por lo que nunca me «mezclaría» con personas que se comporten así, no sea que se me vaya a pegar algo.

Debo aprender a establecer un objetivo que esté en sintonía con mi esencia y con lo que realmente quiero. De momento, con tener claro que para llegar a mi Gran Capital debo aprender a usar mi tiempo y energía sin malgastarlos es suficiente. ¡Ni más ni menos! ¿Queda claro? ¡Pues eso!

¡Sigo!

Lo que me lleva a otros puntos importantes que rigen mi vida desde el día que terminé de diseñar el Plan: el minimalismo (eliminar lo superfluo para quedarme con lo esencial), la simplicidad (sencillez, pureza, contrario a la complejidad) y la eficiencia (capacidad de lograr los resultados con el mínimo uso de recursos posibles) son tres atributos indispensables que si no utilizo a diario, me alejarán inexorablemente de mi individualidad y de mi objetivo.

Otra cosa, muy importante por cierto, de la que creo que ya he dicho algo antes: si quiero ser rico en tiempo y dinero es condición *sine qua non* saber cómo funciona realmente el mundo del dinero, la inversión, la gestión del tiempo, la toma de decisiones y los impuestos. Si no lo hago, nunca podré ganar dinero, ni mantenerlo, ni hacerlo crecer, ni por tanto llegar donde quiero. ¡Es así de simple! ¡Aprender, asumir y «mover el culo»!

¡ATIENDE! Las deudas, los gastos innecesarios y los impuestos son los lastres más pesados que puedo asumir en mi camino hacia mi objetivo, y de los que debo alejarme como alma que lleva el diablo. El verdadero rico es quien aprovecha lo que tiene, hace crecer sin parar lo que gana con el menor impacto fiscal posible y usa su tiempo como le viene en gana. ¿Para qué todo eso? Para entregar el menor tiempo posible a acciones aburridas, poco interesantes o limitantes. El tiempo es para dedicarlo a los «verbos esenciales» (¡no falta nada ya para saber de qué va el tema!), que son aquellos que harán que «mi vida sea rica», y no la de otros, porque ya se sabe, en la vida o hago lo que quiero, o lo que otro quiere que haga.

¡Sigo!

Un rico no compra, alquila. No posee, usa. No se endeuda, endeuda.

No malgasta ni su tiempo ni su dinero, lo invierte y sigue la filosofía del: «Si corre, vuela, navega o es una casa, mejor alquilar que comprar».

Es importante que recuerde, y nunca olvide, que para ganar «mi millón» necesito dedicar tiempo, que el dinero no se gana ni rápido ni fácil, y que debo estar dispuesto a «hacer cosas» que hasta ahora ni siquiera he imaginado: tener un plan definido, «ponerme las pilas», dar un primer paso y luego todos los demás, hasta recorrer el camino, al final del cual se encuentra el ansiado millón para, una vez ganado, saber cómo hacerlo crecer usando el menor tiempo posible.

O sea, que para ser rico y libre, y no dejar de serlo nunca, es vital empezar a aprender cómo mantener el equilibrio entre el tiempo y el dinero, sabiendo que al principio me veré obligado a «intercambiar» mi tiempo por dinero, pero teniendo siempre en mente lo siguiente: 1) debe ser temporal y estrictamente necesario, y 2) sin olvidar nunca que mi objetivo último será hacer que el dinero «baile» para mí, creciendo sin parar, con el menor pago de impuestos que la elusión me permita. Repitiendo por si me disperso: ¡nunca debo perder el objetivo de vista! Si lo hiciese, estaría perdido.

Cuando llegue al objetivo, el tiempo desaparecerá de la ecuación, así que será complicado malgastarlo, y el dinero comenzará a fluir haciendo posible que perfeccione mi lema de «la vida es tiempo, decisiones y dinero».

Trabajar toda la vida entregando tiempo por dinero representa un desequilibrio inaceptable que me hace enfermar física y mentalmente. Al inicio, el tiempo no es mío y soy pobre. Al final, el tiempo será mío y el dinero trabajará para mí.

Quiero desafiar, es mi reto, las nociones convencionales sobre la riqueza con el objetivo de salir de la actual ceguera, ir hacia una nueva realidad, que existe y que nada tiene que ver con la estúpida ostentación que invade hoy en día internet, con unos ricos de pacotilla que creen que la riqueza es exhibir lo que aparentemente tienen, porque eso es para ellos ser rico. Dicho en jerga: ¡ni puta idea!

Dos ejemplos.

Ejemplo 1

Si dedico catorce horas al día para ganar un millón de euros brutos al año, pagando un 45 por ciento de impuestos (incluso aunque sólo fuese un 10 por ciento como en Andorra), sin tiempo para casi nada y sin poder dejar de trabajar, ya que si lo hiciese dejaría de tener los ingresos necesarios para mantener mi ritmo de vida, ¡no soy rico!

Si tengo un emporio que se cae si me paro, tampoco soy rico. Soy un calzonazos presuntuoso. ¿Sorprende? Así es la vida. ¡A veces buena y otras jodida!

Ejemplo 2

Si he llegado al «millón de euros» (Gran Capital) y ya sé, ¡porque lo sé!, cómo ganar un 10 por ciento neto al año (es sencillo, ¡créeme!) sobre «ese millón» dedicando una hora al día como máximo, y puedo, si así lo decido, hacer con mi tiempo lo que me dé la gana, entonces ¡sí soy rico!

Si dedico poco tiempo para ganar dinero, pagando pocos impuestos, también lo soy.

¡Sigo!

¿Cómo puedo alcanzar ese nivel de poder y libertad? La respuesta es simple, desafiante e inquietante: adoptando una mentalidad enfocada, flexible, paciente, impecable, implacable, agresiva incluso, dejando de ser esclavo de las circunstancias, viviendo sólo el presente, estableciendo metas claras, ridículas e inalcanzables, creando un plan de acción detallado que sea capaz de seguir, no volviéndome a conformar con lo mediocre, despertando el verdadero poder que reside en mi interior y haciendo que el tiempo y el dinero trabajen a mi favor y no en mi contra.

Así, con decisión, determinación, disciplina y una mentalidad enfocada, conseguiré todos los objetivos que me proponga.

En resumen, la verdadera riqueza no se encuentra en lo que poseo, sino en mi capacidad de relacionar eficientemente el tiempo y el dinero, desafiar con rebeldía las convenciones y costumbres, reclamando por derecho propio el lugar que he decidido que me corresponda en la vida.

Sé que el dinero es sólo un medio para alcanzar mi sueño, y que soy yo quien decide cómo uso mi tiempo.

Ha llegado la hora de despertar a la «bestia» que reside en mi interior y hacer que cada minuto sirva para algo útil y no para perderlo miserablemente.

Puedo hacer crecer el dinero (casi) todo lo que quiera. Mientras el tiempo transcurre inexorablemente. ASÍ QUE ya va siendo hora de poner al activo llamado «tiempo» en el lugar que se merece, siempre por delante del dinero. Y comenzar a utilizarlo sólo para hacer diariamente los «verbos esenciales» y ganar dinero; ambas cosas, ¡son mi obligación!

¡Moviendo el culo!

Debo ir pensando que...

1. Ya he establecido mi Gran Capital (un millón), del que obtendré un 10 por ciento neto anual (100.000 euros) para ser como el rico de la definición de la contraportada.
2. Elegiré una de las cuatro maneras de ganar dinero (capítulo 9) y me especializaré en ella.
3. Mantendré siempre el equilibrio entre tiempo y dinero.

NOTA: si una vez que haya comenzado a entrenar tuviese que cambiar alguno de estos puntos, porque voy aprendiendo deprisa, o por la razón que fuere, no me preocuparé, ya que la duda, la denostada procrastinación y la sustitución de la lógica cartesiana por la intuición en la toma de decisiones son rasgos de inteligencia, inequívoca demostración de ser un ser humano avanzado y eficiente. ¡He dicho!

4

¿Estoy dispuesto a serlo?

Tan rico que no pierda mi tiempo y haga con él lo que me venga en gana. ¡O rico o nada!

¿Qué debo asumir hoy aquí?

1. Quiero ser rico y no me conformo sólo con «creer» que quiero.
2. El dinero lo gana quien lo merece. ¿Lo merezco yo?
3. El fracaso sólo existe si me paro. Y yo nunca me paro.
4. ¿Estoy dispuesto a ser rico? «Depende» no es una opción.
5. Hay personas que no quieren serlo y prefieren vivir una vida «normal». Y hay que respetarlo.

Hasta que no interiorices estos puntos, es mejor que no sigas leyendo.

Introducción

¿Es posible llegar a mi Gran Capital trabajando por cuenta ajena, ganando poco dinero y «quemando» gran parte de mi tiempo e impuestos? Taxativamente no.

Entonces, es obvio que debo cambiar y elegir otra manera más eficiente de ganarlo, mejorando, cosa nada complicada, el equilibrio entre tiempo, dinero e impuestos y... ¡enfocarme en ella!

Todo lo anterior es duro y cierto. No obstante, darme cuenta de que existen otras maneras más eficientes, e inteligentes, de hacer las cosas es un gran avance. Más adelante (capítulo 9) veré cuáles son las cuatro maneras de ganar dinero que existen, que, una vez eliminada la de trabajar por cuenta ajena, se nos han quedado en tres.

¡Sigo!

No sé tú, pero yo ya he dado el «sí quiero» a la pregunta que da título al presente capítulo, lo que viene a significar que es mi obligación conocer con precisión qué es lo que me espera cuando comience a caminar, para no echarme atrás bajo ningún concepto. ¿Por qué? Porque si lo hiciese, que no lo voy a hacer, me daría cuenta rápidamente de cómo he derrochado, cosa que odio, mi tiempo, mi dinero y mi energía, lo cual hará que me sienta como una piltrafa y me dejará una profunda huella que me lastrará e incapacitará de cara a retos futuros.

Sin embargo, si soy consecuente con mi decisión, que lo soy, mi cuerpo comenzará a moverse de modo altivo, potente y seguro, y seré capaz de llegar allá donde me proponga. Así que, ¿qué prefiero en este caso, responder con un «sí» o con un «no»? De nuevo; pregunta anulada por tonta.

Por última vez, si no me siento capaz de cumplir con mi promesa, a la que nadie me ha obligado, y no es la de otro, ¡es la mía!, lo mejor es que cierre el libro y me vaya a mi casa a ver una serie de televisión comiendo una horrible pizza pedida a domicilio.

¡Y una mierda! Yo no me quedo sin participar en el juego más interesante de la vida: ¡ni de coña! A mí nadie me obligó en su momento, y yo «solito» decidí ser rico: ASÍ QUE ¡no me «bajo del tren»!

¿Y tú? ¡Espera! No contestes todavía. ¡Hazlo después de la publicidad!

Mientras te lo piensas, voy a formular, y contestar, una pregunta que creo que te dará un gran empujón de cara a tomar la segunda decisión más importante de la vida, sólo superada por dejar el azúcar o no comprar una casa en propiedad (error en el que nunca volvería a caer). ¡Voy con la pregunta!

Teniendo en cuenta lo que ganan los españoles, ¿a quién considera Hacienda «rico»? El 50 por ciento de la población gana más de 20.500 euros brutos anuales, lo que quiere decir que, si ganase 21.000 euros brutos anuales estaría dentro de la mitad más «pudiente» del país, lo que de momento, tampoco es decir demasiado. El 33 por ciento de la población gana más de 27.000 euros brutos anuales, el 10 por ciento más de 44.000 euros, el 5 por ciento más de 60.000 euros y, finalmente, el 1 por ciento más de 126.000 euros brutos anuales (unos 80.000 euros netos), que constituyen la superélite.

O sea, que convengo, porque me parece razonable hacerlo, y nos servirá para el ejemplo de este libro, que si ganase 60.000 euros brutos al año estaría entre el 5 por ciento más rico del país, lo cual no está nada mal, pero no del todo, ya que aspiro a estar dentro del 1 por ciento de la población lo que me reste de vida y, por supuesto, ¡usando menos tiempo y energía que ellos! Si no, ¿de qué me sirve todo el esfuerzo que voy a realizar?

¡Bien! De esta manera he conseguido aclararlo y dejar a los «flojos» en la cuneta. Aunque cuantos más flojos haya, más fácil será lograr el reto. Y que conste, no es que yo haga nada especial para ello, son ellos, los flojos, quienes con sus decisiones o ausencia de ellas se autoexcluyen. ¡Cada palo que aguante su vela! Las decisiones son personales y sólo los envidiosos, perezosos e incapaces se quejan y ponen excusas. *Is not my business!*

ASÍ QUE por supuesto doy mi rotundo «sí quiero» a ser «o rico o nada»...

Doce mandamientos para serlo

1. Hoy decido ser rico ¡y punto!

Eso supone que si quiero salir de la vida que llevo para convertirme en rico, sin hacer un ridículo espantoso, debo: a) rubricar un contrato conmigo mismo, incluso filmarlo en vídeo (todo vale si sirve para no incumplir mi palabra), para inmortalizar el momento de mi «sí quiero» o para que se me caiga la cara de vergüenza en caso de que lo incumpla, y b) estar dispuesto a cambiar en mi vida todo lo que sea necesario. Sencillo, ¿verdad?

¡Bien! Para el que todavía no se haya «cagado» de miedo y siga aquí, comparto una frase que hace que se me pase de golpe la tontería y me «pone las pilas» cada vez que aparece la duda o flaqueo. La frase en cuestión reza así: «El ser humano hace siempre lo que quiere, y si no lo hace, es que no quiere».

¡Sin comentarios!

2. Yo establezco mi Gran Capital

Es una cantidad tal de dinero que provocará, una vez que llegue a ella, dos cosas: a) nunca más tendré que volver a cambiar mi tiempo por dinero, y b) obtendré sobre ella una rentabilidad mínima anual de un 10 por ciento neto (casi) sin mover un dedo.

Más adelante veré cómo se establece esa cantidad. Es sencillo.

3. Me comprometo con la excelencia

La búsqueda de la riqueza requiere un compromiso absoluto con la excelencia en cada acción. Soy el único al que no puedo engañar, no me conformo con mi propia mediocridad, busco siempre la manera de mejorar y en mi vida no tienen cabida ni las quejas ni las excusas.

4. Aprendo sobre el dinero y lo hago a todas horas

Mi vida es tiempo, decisiones y dinero, razón por la cual todos los días debo aprender sobre la toma de decisiones con el objetivo de gestionar mi dinero (ingreso, gasto e invierto), para que crezca sin parar y con el menor pago de impuestos posible. Nunca hago caso a nadie que no me haya demostrado sobradamente no sólo que sabe ganar dinero, sino que además sabe qué hacer con él una vez que lo ha conseguido. ¿El resto? No me interesa.

¿Por qué digo esto? Porque aunque resulte curioso, hay personas que han desarrollado cierta habilidad a la hora de ganar dinero, pero no saben hacer que éste trabaje para ellos, y se dedican a comprar «ladrillos», coches, yates, relojes e invertir en patéticos fondos de inversión, del tipo que sean, o en cualquier otra cosa aparentemente segura y de bajo rendimiento. ¡Tampoco me interesan!

Ya sé que con el dinero sólo se pueden hacer dos cosas: gastarlo e invertirlo. Lo primero «parece» que todos sabemos hacerlo. Invertir no. ¿Para qué invertir? Porque es mi obligación, y la manera más inteligente de ganar dinero, para lo que es vital saber qué inversiones no hay que hacer nunca y cuáles sí, aunque lo primero es bastante más importante que lo segundo.

Debo leer libros, practicar, ponerme en situaciones incómodas y buscarme, si puedo, una persona que ya haya conseguido lo que quiero.

5. Mantengo siempre en equilibro el tiempo y el dinero

Hacerlo es esencial para ser rico. Cómo uso mi tiempo es crucial. Dejar que ambos se esfumen entre mis dedos es un rasgo típico de incultos financieros y/o «encefalogramas planos».

«¿Qué?», pregunto sorprendido.

Si hoy todavía no fuese rico, y hubiese fruncido el ceño al leer el «sé cómo usar mi tiempo y mi dinero», debería prestar mucha, pero que mucha atención, no sólo a este pequeño y aparentemente inofensivo epígrafe, sino ¡a todo el libro! ¿Por qué digo esto? Porque si no sé usar mi tiempo, nunca sabré usar mi dinero. ¿Por qué? Simplemente, porque nunca lo tendré. ¿Estamos? ¡Pues eso!

Mucho tiempo y mucho dinero: ¡mal!

Mucho tiempo y poco dinero: ¡fatal!

Poco tiempo y mucho dinero: ¡bien!, pero de momento, vamos a olvidarlo.

Poco tiempo y el dinero que quiero (GC): ¡muy bien! Es la perfección y obviamente el objetivo.

6. ¡Debo ganar dinero! No tengo otra opción

Una vez que lo tengo claro, y sé que es mi obligación, tendré que decidir: cuánto, para cuándo y cómo lo gano. En mi caso: un millón de euros, en nueve años y haciendo que el dinero «baile» para mí usando acciones y bonos de alto rendimiento, y a través del «Bucle» (te lo enseñaré en el capítulo 13 para que puedas diseñar el tuyo, pero, por favor, no te adelantes a leerlo).

Obviamente, siempre necesitaré una cantidad inicial y aportaciones periódicas, si me lo pudiese permitir, que tendré que conseguir como sea, ¡sí o sí!, para poder hacer crecer ese dinero sin parar.

Imaginemos un fuego perpetuo: primero hay que encenderlo, luego cuidarlo sin dejar que «muera» e ir echando «más madera». ¡Pues eso!

Para ser rico hay que hacer lo mismo: conseguir un poco de dinero, ponerlo a trabajar (invertir), comprando sin parar y «echando a la hoguera» todo el dinero que llegue a mis manos y no me gaste: ¡todo!

¡ATIENDE! Aunque ya lo he dicho en otro momento, ¡aquí no se enseña a ganar dinero a nadie! ¿Por qué? Porque nadie puede hacerlo. Y yo tampoco.

7. Estoy siempre enfocado

A fuerza de repetirme, una vez que sé que quiero ser rico en tiempo y dinero, sé a cuánto asciende exactamente mi Gran Capital, soy impecable e implacable con mis acciones, aprendo sobre inversión todos los días, mantengo el equilibrio entre mi tiempo y mi dinero, y sé cómo lo voy a ganar... ¡me mantengo siempre enfocado, en todos y cada uno de los puntos citados!

¡FOCUS, FOCUS, FOCUS!

Sé que el camino hacia la riqueza no será fácil, habrá desafíos y obstáculos, pero mantendré una mentalidad disciplinada, perseverante y siempre enfocada en mi objetivo final: ¡mi millón de euros!

8. Actúo siempre con desapego al resultado

Actúo. No hay sustituto para la acción. Una vez definido mi objetivo y desarrollado el Plan, es hora de ponerlo en práctica.

¡Sí, es cierto! Quiero ser rico y para siempre. Y para ello debo caminar con total desapego al resultado. No quiere decir eso que todo me «importe un culo», no. Quiere decir que tengo que centrarme en el camino, en hacer bien las cosas y no pensar en el resultado. Si sale mal, bien. Si sale bien, mejor. Pero yo actúo, lo intento una y otra vez, y nunca me paro. ¡Nunca!

ASÍ QUE ando, no me paro y siempre con desapego al resultado, centrándome en el camino y no en llegar. Si pienso en dinero, éste me será esquivo. Si me centro en caminar y en «hacer», el dinero vendrá a mí en la medida que haya decidido.

9. Tomo mis decisiones con más intuición que lógica

Una de las lecciones más importantes que me enseñó uno de mis mentores gallegos fue la siguiente: «Decide constantemente, ya que el entrenamiento y el hábito harán que cada vez tomes decisiones de mayor calidad, que te conducirán, sin duda, a ser todo lo rico que te hayas propuesto».

Mis decisiones son enfocadas, obviando a «los espectadores» y haciendo caso omiso de sus ideas, opiniones y/o comentarios negativos. Las decisiones son para ser tomadas sin dudar, independientemente de lo que opine el resto.

Seis ideas que nunca están de más:

1. Las decisiones las toma mi subconsciente, no mi consciente.
2. Sólo controlo el 0,5 por ciento de todo lo que pasa a mi alrededor.
3. Decido dudar para tomar decisiones, ya que es un rasgo de inteligencia.
4. Procrastino todo lo que puedo, y hasta última hora, para darle más tiempo a mi subconsciente para que encuentre la respuesta de la que mi consciente está privada.
5. Uso mi intuición para tomar las decisiones, y dejo a mi mente lógica y racional en el «banquillo».
6. Si algo ha demostrado la historia es que cualquiera, gordo o flaco, guapo o feo, limpio o sucio, haya nacido donde haya nacido, sean quienes sean sus padres o qué educación reglada haya recibido, ¡puede ser rico!

Hay ejemplos de todos ellos. ASÍ QUE sea como sea, puedo cambiar mi forma de pensar y de actuar para conseguirlo todo. Por tanto, no tengo excusa posible más que mi propia pereza, dejadez y mediocridad.

10. Me «mezclo» con personas interesantes e interesadas

Las relaciones son fundamentales en el camino hacia la riqueza y por eso siempre me ha parecido interesante construir una red de contactos sólida, buscando siempre codearme con aquellos que comparten mis valores, ideas y objetivos. Busco siempre personas «interesadas», de aquellas que casi nadie quiere, ya que no me interesan esas personas que «dicen» que no se mueven por interés, porque son falsas y mentirosas. Si alguien no es interesante y, además, no se mueve por interés, quiere decir que no le interesa nada. ¿Y qué interés pudiera tener para mí una persona poco interesante y desinteresada? Ninguno. Cero pelotero.

11. ¿Cómo distinguir a quienes han conseguido lo que deseo?

La respuesta vaga y simple por mi parte sería recomendar la lectura de *Las fortunas fabulosas*, de Alain Monestier, donde se da respuesta a la pregunta con claridad meridiana, pero me lo voy currar un poco más.

Un ganador, alguien que haya conseguido lo que busco, es perfeccionista, aun sabiendo que es algo inalcanzable, minimalista, emana calidad de acción por sus poros, aplica siempre la teoría denominada la «Navaja de Ockham» (cuando para una misma situación existen dos o más explicaciones, la más simple suele ser la correcta), es decir, busca la simplicidad absoluta (si alguien propone algo sin ser capaz de explicarlo de modo sencillo, es una basura y por tanto desechable), se divierte, aprende jugando, sabe que no hay mejor manera de vivir que la suya (diferente a la de la mayoría, por supuesto) y hace cosas que enamoran. Es quien aprende, y encuentra la manera y su correspondiente experiencia incómoda, de ganar la cantidad de dinero necesaria usando el menor tiempo posible e intentando hacer con él lo que le venga en gana sin que nadie le limite. ¡Eso distingue a un rico en tiempo y dinero!

¡Sigo!

¿Sé cuánto dinero ha pasado por mis manos en lo que llevo de vida? Lo calculo sin desmoralizarme. ¿Cuánto me queda de todo ello?

Eso es, exactamente, lo que hasta la fecha soy. ¡Ni más ni menos! Eso es lo que he sido capaz de conseguir hasta la fecha.

¿Qué es lo que he hecho hasta hoy, y en qué ideas y creencias me he basado para ello? Las dos cosas: tanto lo que me queda, como los «mimbres» con los que lo he conseguido parece que ¡me han servido de poco!

ASÍ QUE ahora que he decidido ser rico, es obvio que todo eso no vale. Vuelvo a las dos cifras: la del dinero total que ha pasado por mis manos y la del dinero que me queda. Sé que duele, pero las voy a tener en mente, en un pósit que haga de separador de páginas mientras leo este libro. Así tendré presente cuál es mi valor exacto actual. Además, es una manera interesante de empezar a dar al dinero la importancia que merece, y después de unos cálculos, para tener siempre a punto la repuesta para cuando alguien me pregunte cuánto vale una hora de mi tiempo: poco. Muy poco.

Mi hora de vida vale lo que vale, no lo que digo que vale, sino por lo que la estoy entregando en la actualidad.

¡Hagamos un ejemplo para calcular la ratio euro/hora, es decir, por cuánto estoy entregando el tiempo de vida! Es un ejercicio, cómo lo diría, ¡clarificador!

¿Cuánto crees que vale la hora de alguien que gana 72.000 euros brutos anuales trabajando por cuenta ajena? ¿Lo sabes? ¿No? ¿Quieres saberlo? ¡16 euros por hora! (Verás un ejemplo completo en el capítulo 9.)

Si te parece, podemos hacer un receso de unos minutos para que cada uno haga «su» cálculo, para saber por cuánto está entregando su hora en la actualidad.

¿Ya lo tienes? ¡Bien! Ahora que ya sabes algo más, la próxima vez que te dé «un apretón» de comprar algo, innecesario o no, estaría bien que antes de tomar la decisión de la compra, te preguntases: ¿cuántas horas de mi tiempo debo «quemar» para realizar este gasto innecesario y, por tanto, estúpido? Obrar así lo llamo «principio de necesidad», y créeme ¡es mano de santo!

Un rico en tiempo y dinero sabe cuánto gana, cuánto tiempo usa para ganarlo, cuántos impuestos paga, cuánto vale su ratio euro/hora y, por supuesto, ni ostenta, ni se regodea, ni hace gastos estúpidos con su dinero.

¡Moviendo el culo!

1. ¡Ya soy rico!
2. Uso mi tiempo y dinero de modo impecable e implacable.
3. Debo ganar dinero y quiero aprender a invertir.
4. Actúo con desapego al resultado.
5. Siempre enfocado, uso mi intuición.

5

Ganar seis millones en seis años

¡Ése fue mi objetivo ridículo e inalcanzable!, que si no hubiese imaginado, jamás hubiese conseguido.

ASÍ QUE dejo las quejas, excusas y «chorradas» varias a un lado, «me pongo las pilas», establezco mi objetivo, me levanto de la silla y comienzo a andar. Paso a paso y sin parar. Si no lo hago, simplemente seré otro inútil e incapaz más. ¡Es así de simple!

En 1999, tras mi segunda ruina, me compré un reloj. «¿Y qué tiene eso de especial?», te preguntas.

No cualquier reloj. Me compré el reloj de mis sueños, aunque tardé trece años en decidir comprarlo aun teniendo el dinero, ya que tenía cargo de conciencia por gastar tanto dinero en un solo objeto que sí, lo deseaba con todas mis fuerzas, pero realmente no lo necesitaba. Para tomar esa decisión tuvieron que luchar en mi interior dos «gigantes», pero finalmente me compré el reloj, sin duda una de las decisiones más importantes y trascendentes de mi vida. ¡Fíjate qué tontería! Pues eso me hizo cambiar y me ha traído hasta hoy. ¡Así que ojito con los relojes!

Como digo, fue una estúpida decisión aparentemente, que tomé en uno de los momentos más delicados de mi vida y que la cambió para siempre. Es el reloj que ha lucido en mi muñeca durante más de veinticinco años y el principal «causante», nunca mejor dicho, de que me hiciese rico en 2005. El reloj es un Rolex GMT Master II (llamado «Pepsi» por los fans por su bisel rojo y azul) en cuyo anverso grabé la leyenda «KOSTOLANY 1.000/2.010».

¿Qué debo asumir hoy aquí?

1. La importancia de tener un «anclaje» (el reloj) que fije el objetivo en mi subconsciente.
2. El camino es en sí la misión de la vida.
3. Decidir usar el tiempo de manera más «productiva», también para ganar dinero y hacer que «baile» para mí.

Y empezando por el final, si hoy en día, usando el tiempo como lo uso, no he conseguido lo que quiero, es obvio que debo hacer «algún ajuste».

Tiempo y dinero, junto al sexo, los dos activos más importantes de que dispongo. Si uso mal el primero, no obtendré el segundo. Si quiero seguir como hasta ahora, con quedarme quieto es suficiente. Ahora bien, si quiero ser rico en tiempo y dinero, debo replantearme en «qué» y con «quién» uso mi valioso tiempo. Y para ello ¡debo moverme! Debo hacer algo que sé que me va a costar sangre, sudor y lágrimas, y a lo que me voy a resistir: cambiar mi forma de pensar, y mis usos y costumbres. Que, obviamente, me han traído hasta aquí, pero no adonde realmente quiero. Es decir, que si no decido usar mi tiempo de manera diferente, y sin malgastarlo, es imposible que consiga el necesario equilibrio entre tiempo y dinero, e igualmente imposible rozar la riqueza más básica.

¡A ver! ¿Cómo puede pretender alguien transformarse en rico sin aprender a tomar buenas decisiones sobre qué hacer con el tiempo de su vida? Imagino que al estar aquí conmigo existirá una cierta «inquietud» al respecto. ¡Vamos, digo yo!

NOTA: cuando a finales de 2005 llegué a los 5.500.000 dólares, decidí, tras pensarlo durante un par de días, quedarme 200.000 dólares para volver a empezar e invertir el resto, que no toqué casi en catorce años. ¿Me interesaría saber cuánto creció? Si no soy capaz de contenerme y quiero saberlo, puedo ir a buscarlo, pero ¿seré capaz de contenerme y seguir leyendo hasta ver la solución cuando llegue el momento preciso? Te cuento algo a ver si consigo contenerte. ¿Sabes que hay varios estudios científicos con niños que demuestran que aquellos que fueron capaces de contenerse, acabaron siendo personas de éxito? Ergo: la paciencia es una virtud en el camino hacia el «o rico o nada». ¡Allá tú! ¡Venga, va, contente!

¡Sigo!

El ser humano tiene una necesidad innata de dirigir su propia vida, aunque, visto lo visto, creo que hoy en día la mayoría prefiere ser dirigida, ordenada, no tener que decidir, dejándose arrullar por el Estado y entregando a cambio su libertad y privacidad.

¡En fin! Decía que el ser humano tiene una necesidad imperiosa de aprender, de crear cosas nuevas, de mejorar, tanto a sí mismo como el mundo que lo rodea. Y es precisamente ese espíritu el que me mueve a compartir «cómo» un día, cansado ya de ser un gregario «de mierda», decidí convertirme en rico y firme candidato a vivir bajo el frontispicio de «La vida es tiempo, decisiones y dinero». Y para ello, la primera pregunta que tuve que contestarme fue...

¿Qué quiero: ganar dinero o tener razón?

Fui yo, y sólo yo, quien se arruinó por querer tener razón.

Fui yo, y sólo yo, quien decidió cambiar esa situación, enfocándome sólo en mi objetivo.

Fui yo, y sólo yo, quien contestó a la pregunta mencionada, cambiando mi forma de pensar radicalmente.

La pregunta puede parecer simple, y curiosa, pero su significado encierra una «riqueza» muy potente que muchos tardan en comprender: un rico gana dinero y no necesita tener razón. Un pobre se empecina en tener razón, una y otra vez, y gana «migajas».

Conocida la evidente respuesta a la pregunta mencionada, sigo.

La historieta que voy a contar es la mía, y no es para ser imitada. Pero con que alguien se quede con una sola idea, me doy por satisfecho. La cuento de manera corta, ya que ha sido ampliamente relatada en todos mis libros publicados desde 2005. ASÍ QUE usa lo necesario y tira el resto a la basura.

¡Vamos allá!

Mi historia (1983-2020)

1. Siempre hay que conseguir (ganar) dinero, y eso se puede hacer de varias maneras. Hay mucho más que contar, pero sigo...

2. En mi primera etapa (1983-1994), como todo «hijo de vecino» entregué mi tiempo de vida, a cambio de dinero, al baloncesto profesional (primera manera de ganarlo).

3. En la segunda etapa (1988-2000), con el dinero ganado en la etapa anterior, me dediqué a comprar «ladrillos» (segunda manera de ganar dinero) como si no hubiese un mañana, y terminé siendo propietario de siete casas, con sus correspondientes hipotecas: unas alquiladas y otras con la intención de especular.

4. En 1990 fundé «Sport Gestión», mi primera empresa (tercera manera de ganar dinero), dedicada a la representación, diseños fiscales e inversiones para deportistas profesionales. Desde entonces nunca he dejado de crear proyectos.

5. Entre 1995 y 1996 cursé en Madrid un máster de Fiscalidad Internacional, en el que un profesor me convenció para que mi trabajo de fin de máster versase sobre qué era más rentable financieramente: comprar una vivienda o vivir de alquiler. Hice el trabajo e inmediatamente comencé a vender todos mis «ladrillos», tarea que culminé en el año 2000. Desde entonces, no he vuelto a comprar más.

6. Para esa fecha ya había probado tres de las cuatro únicas maneras que existen de ganar dinero, pero me quedaba la cuarta. ¿Y cuál es la cuarta? ¡Hacer que el dinero «baile» para mí!

7. En 1996 empecé a dar mis primeros pasos en los futuros financieros, y no con cualquier «cosilla», no, me metí de lleno en lo más «gordo»: los futuros. Comencé con el del petróleo, luego seguí con el Euro Stoxx y finalicé con «el rey»: el S&P 500 de Chicago, del que me «enamoré» profundamente y el cual, entre

1996 y 1999, me arruinó por dos veces. Fueron momentos horribles que me enseñaron todo lo que hoy sé, me transformaron en rico en tiempo y dinero, y provocaron que hoy esté aquí contigo.

En diciembre de 1999, enfangado hasta las cejas, decidí que iba a ser rico. Pero no cualquier tipo de rico, no. Iba a convertirme exactamente en el rico que había diseñado en mi mente y que estoy desvelando aquí, uno que dedicase poco tiempo a ganar dinero y el resto a hacer sus «verbos esenciales».

—¡Qué pesado este tío! Otra vez con los verbos de marras.

Diseñé (casi) el Plan que tienes en tus manos, compré el reloj de mis sueños y comencé a caminar con paso firme hacia mi objetivo.

Como ya sabes, en diciembre de 2005, tras unos años duros y (casi) aislado del todo, llegué a la cifra de 5.500.000 dólares.

8. «¿Y luego?», como diría mi mentor gallego. Luego paré ahí, justo ahí. Me quedé una pequeña cantidad de dinero para volver a empezar e invertí el resto con el objetivo de que el dinero creciese. Y creció. Bastante.

9. Ese mismo año un buen amigo me convenció para que enseñase lo que sabía, y así nació FH Inversiones (academia de enseñanza del *trading* en futuros, en tiempo real y con dinero real, número uno de habla hispana entre los años 2006 y 2014).

10. Un año más tarde, el mismo amigo, no satisfecho con haberme metido en el embolado de los cursos, me convenció otra vez para que escribiese un libro. Y así nació *Cambio de vida: cómo me hice rico* (ESIC, 2005). El libro explotó y me fichó Espasa (Grupo Planeta) para escribir cuatro libros más (*Mueve tu dinero y hazte rico*, *El factor K: cómo desaparecer y pagar menos impuestos*, *La trampa del oso* y *Espabila y gana dinero con la crisis*). Además, decidí autoeditar uno de los libros que más impacto ha tenido de los que he escrito, y que dicen que ha cambiado trayectorias vitales: *La simplicidad del primer millón* (2011).

11. En 2014, absolutamente «quemado» por la actividad de los últimos años, decidí desaparecer de la escena pública y retirarme a descansar.

12. En 2020, en mi tiempo de retiro, y con la experiencia adquirida sobre hacer que el dinero «baile», diseñé el «Bucle» (método para ganar dinero durmiendo que veré en el capítulo 13).

13. En 2023, tras nueve años retirado por completo, me convencen, ¡no sé muy bien cómo!, para volver a la carretera. Sí, vuelvo, pero mucho más relajado.

14. El mismo año ficho por la editorial Deusto (Grupo Planeta) para escribir mis dos últimos libros: *El método REZIA: transforma tu idea en dinero* (2023) y el que tienes entre tus manos.

Hasta aquí la historia muy resumida.

En este legajo, obviamente, he decidido establecer un objetivo diferente y realista, no vaya a pensar la «masa» que sólo marco objetivos ridículos e inalcanzables. ¿Me gustan ese tipo de objetivos? Sí, mucho. Pero también me gusta relajarme y no hacer nada. Eso último es lo que más me gusta, sin duda: ¡no hacer nada! Aunque la vida, según dicen, siempre está en «homeostasis», creo que lo llaman: excitación y relax.

Ya he dicho que el objetivo para este libro está establecido en un millón de euros, cifra sobre la que algún «indocumentado» seguro que hará algún comentario despectivo, lo cual me llevará a pensar que: 1) no ha visto tanto dinero junto en su vida, y 2) no tiene ni repajolera idea de qué «va» el mundo del dinero, razones que explican por qué continúa siendo pobre y no ha «olido» siquiera la riqueza. Nota: espero que se me perdone esta «salida de pata de banco». ¡No hay problema! Toda forma de pensar, incluso las «pobres», pueden ser transformadas con un poco de intención y esfuerzo.

¡A ver! Un millón es una cantidad suficiente y «de puta madre», que da de sobra para vivir bien toda la vida. ¡Así que dejémonos de chorradas! Si alguien todavía duda sobre el particular, que se compre unos «Cuadernos Rubio» de sumas y restas. ¿Por qué digo lo que digo? Porque, a título informativo, si alguien que tuviese ya el millón, y por tanto la posibilidad, como he dicho varias veces ya, de obtener un rédito de 100.000 euros anuales, que además podría ser neto (juro que sin demasiado esfuerzo), entraría directamente, y sin pasar por la casilla de salida, en el grupo de los más ricos de la población española, como ya hemos visto.

ASÍ QUE ¡chavea!, un millón es un número precioso y un objetivo inteligente, razonable, excitante, redondo y, sobre todo, de «la hostia». ¿Sabes por qué? Porque es la cantidad que he decidido yo, y por tanto es la correcta y perfecta. Si hubiese querido establecer otra cantidad, la hubiese puesto. Pero no ha sido así. ¡Es lo que hay! ASÍ QUE nos quedamos con el millón ¡y se acabó!

¡Sigo!

Quiero aclarar, una vez más, que el «tema» no va de ganar dinero, mucho dinero incluso, sino de hacer que el dinero «baile» para mí, sin mover (casi) un dedo, para usar la mayoría de mi tiempo no en ganar más dinero, lo cual es una soberana estupidez, sino para hacer lo que me dé la real gana con mi tiempo (los «verbos esenciales»). ¿Estamos?

¡Ah!, ¿que todavía no he explicado cuáles son esos «verbos»? Sí, lo sé. Tengo tendencia a adelantar y anticipar ideas y conceptos, lo que los modernos «vendedores» de internet (¡qué pereza por Dios!) llaman *hook* (el gancho de toda la vida), pero paciencia, que aunque no recuerdo ahora mismo en qué momento lo trato, será tratado debidamente. ¡Eso seguro!

Al margen del *hook*, y una vez leída la historia, tengo claro, y es más que obvio, que ganar dinero es mi obligación, mi necesidad, y que al principio será inevitable que no tenga más remedio que «quemar» mi tiempo a cambio de dinero, pero sin olvidar nunca cuál es mi objetivo último y vital: «Mi vida es tiempo, decisiones y dinero, y debo enfocarme en que el dinero trabaje para mí, y nunca yo para él». REPITO: ¡yo no trabajaré por dinero!

Hacer que el dinero trabaje para mí es más rentable, tiene un «delicioso» equilibrio entre tiempo y dinero, se pagan menos impuestos, tengo que dedicarle poco tiempo y no tengo que soportar a ningún «soplagaitas».

Y en este «baile» incluyo todo el dinero que llegue a mis manos, venga de donde venga: del trabajo por cuenta ajena, de la lotería, del que encuentre en la acera, el que me regalen, el de una herencia. ¡Todo el dinero que llegue a mis manos que no gaste lo invertiré!

¡Moviendo el culo!

Hoy el entrenamiento es sencillo: estoy orgulloso del Gran Capital que he establecido. ¡Es el mío!

6

No vendo mi tiempo por dinero

Ser rico no consiste en ganar mucho dinero, lo cual es sencillo y pierde rápidamente su valor.

Ser rico consiste en ganar lo «necesario» para hacer con mi tiempo lo que quiera.

Si gano mucho pero soy dependiente, no soy rico en tiempo y dinero. ¡Sólo soy un «pringao» con algo de dinero!

¿Qué debo asumir hoy aquí?

1. Los «verbos esenciales».
2. Si hago lo que la mayoría, lo que obtenga será mediocre.
3. Quien gana lo que quiere no es nunca quien más tiempo dedica a ganarlo.
4. No es rico quien más gana, o tiene, lo es quien invierte en activos que trabajan para él sin depender de nadie.
5. Contestar a las seis preguntas vitales.

¿Qué son los verbos esenciales?

¡Al fin!

Cojo una hoja en blanco y un boli, y escribo los verbos que para mí son esenciales en la vida. Me tomo mi tiempo. Hago una lista y la repaso varias veces. La termino. ¿Ya está? ¿Estoy seguro de que son los «más» esenciales? ¡Vale! Supongamos que sí. El resto es sencillo, pero antes escribo los míos, verbo arriba, verbo abajo: dormir, nadar, cocinar, comer, follar, leer, jugar, aprender, escuchar música, comunicar e invertir.

Y ahora ¿qué hago con ellos? ¡Ahora sí! Desde ya, y hasta que vuelva a escribir otra lista, que espero que sea dentro de unos años, éstos son los «únicos» verbos que realizaré todos los días de mi vida, sin excepción. ¿No son mis verbos esenciales? ¡Pues eso! Los que no estén en la lista, no los realizaré (casi) nunca. ¿A que ha sido sencillo?

¡Sigo!

Cuando me arruiné por segunda vez, mientras diseñaba mi Plan, me hacía la misma pregunta todos los días, con sus correspondientes variaciones, por aquello de que no pareciese la misma: ¿dónde quiero llegar exactamente? La contesté de muchas maneras y la pulí para llegar a la esencia: «Quiero ganar mil millones de pesetas, cantidad aparentemente ridícula e inalcanzable, invirtiendo en lo mismo que me ha arruinado por dos veces, "los futuros del S&P 500 de Chicago"». Pero no sólo eso. No bastaba con determinar una cantidad. Debía contestar con claridad, y total sinceridad, a las seis preguntas claves para ser rico en tiempo y dinero: quién, qué, para qué, desde dónde, para cuándo y cómo. Sobre todo a la tercera, «para qué».

Podía establecer como Gran Capital la cantidad que quisiese, pero si no era capaz de tener un buen «para qué» con el que identificarme completamente, el dinero no iba a solucionar nada. Lo sabía entonces y lo sé hoy.

Sé que puede resultar presuntuoso, pero cuando no se tiene dinero ni nunca se ha tenido, tampoco se tiene derecho a opinar sobre el tema. ¡Es así de simple!, aunque hoy en día todos creamos que tenemos derecho a hablar de todo. ¡Por supuesto que no lo tenemos!

Es como el famoso dicho de: «Si nunca lo has experimentado, no opines, que calladito estás más guapo». Y es cierto. Si alguien nunca ha sido capaz de ganar un millón, de tenerlo en su cuenta corriente para poder decidir qué hacer con él, no tiene ningún derecho a opinar, ni a que le parezca presuntuoso que yo, o quien sea, lo diga. ¿Queda claro? Sólo tengo derecho a hablar, y opinar, de lo que sepa. Y si no, ¡a callar!

Hoy en día, en las «redes sociales» todos creen tener ese derecho, simplemente por tener a su alcance un altavoz, aunque no tengan el mínimo conocimiento necesario para dar una opinión fundamentada.

Aquí dejo una idea: si quiero ser rico, y mantener un buen equilibrio entre tiempo y dinero, reducir mi exposición a las redes sociales es una de las decisiones más inteligentes que puedo tomar. Personalmente, no me puedo permitir «tirar por la ventana» mi valioso tiempo leyendo a una pandilla de indocumentados que no saben de nada y que la mayoría de las veces dicen unas estupideces inútiles y que, obviamente, no han conseguido lo que yo quiero.

Pongo un ejemplo de uno de los temas que «controlo»: la inversión y la enseñanza sobre ese tema. Hay muchas personas que están ganando mucho dinero creando empresas de cuentas de fondeo, cuando se nota a la legua que ellos (pienso ahora mismo en el «calvo del otro lado del charco» y un «chico con perilla que vive en Andorra», que no es mi amigo Lorenzo) no han hecho *trading* en su vida, y atraen a los «pichones», que sorprendentemente son muchos, con la falsa promesa de enseñarles a ganar dinero haciendo *trading*, ¡precisamente!, sin conocimientos previos y todo ello en ¡una semana!

¡A ver! Una cosita. Nadie puede enseñarte a ganar dinero, y menos en una semana, y mucho menos aún si el que «pretende» enseñarte no puede demostrar que lo haya hecho previamente. ¿Estamos?

¡Sigo!

Un momento. O sea, ¿que unos tipos que no han hecho *trad-*

ing en su vida se están haciendo de oro diciendo que sí lo han hecho y que me van a enseñar a ganar dinero en una semana, según dicen? ¿En serio? Pero es que eso es imposible, porque ni tienen el conocimiento ni la experiencia de haber invertido. ¡No me lo puedo creer!

Eso sí. Lo que sí saben es cómo hacer para que los pardillos se crean la historia y suelten la «panoja». Saben cómo hacer que los pardillos crean que sí saben hacer lo que dicen que saben, los convencen de que se puede ganar dinero en una semana, invirtiendo poco y sin arriesgar capital.

¡Si Walt Disney levantara la cabeza, fliparía!

¡Por favor! Si quiero ser rico en tiempo y dinero, debo olvidar las cuentas de fondeo. Si no lo hago, debo saber que estoy perdiendo mi tiempo y nunca seré ni rico ni nada. ¡Blanco y en botella, leche!

Dicho lo cual, ahora me gustaría sacar a colación lo que me dijo un buen amigo:

—Para que haya «vendehúmos» tiene que haber «comprahúmos».

—¡Ya! Pues a ver si conseguimos, por lo menos, que a los «comprahúmos» desinformados, inocentes y crédulos les den menos «gato por liebre».

Última vez. Las cuentas de fondeo no son ningún tipo de inversión, son una mezcla entre casino y «Monopoly», y una «basura» que sólo beneficia al propietario de la empresa. A partir de ahí, «que cada palo aguante su vela».

¡Sigo con el «para qué»!

ASÍ QUE teniendo en cuenta que el dinero *per se* no solucionará nada, y que tener un buen «para qué» es imprescindible, debo definirlo con precisión y que se alinee con mi esencia si no quiero que el batacazo sea mayúsculo. Ésa es una de las razones por las que hay tanto fracasado: si no sé adónde voy, y para qué, ¡cómo coño voy a llegar!

¡Sigo con lo de antes!

Cuando diseñé el Plan, tenía claro que debía tener varias «patas» fijas:

1. Conseguir el dinero establecido.
2. No volver a trabajar (entregar mi tiempo por dinero) ni aguantar a nadie que no quisiese.
3. Hacer con mi tiempo lo que me viniese en gana.
4. Vivir lo más lejos posible de mi pasado.
5. Desarrollar mis proyectos «rebeldes» por y para mí.
6. Y todo ello haciendo que el dinero «bailase» para mí.

Soy consciente de que la primera vez que se escucha, a mí también me pasó, es complicado de digerir, incluso pensar siquiera que es posible. ¡Y sí, lo es! La mayoría de las veces en las que no he conseguido lo que quería, y ahora vuelvo a las seis preguntas vitales, fue por no ser capaz de contestarlas correctamente y con total sinceridad.

¡Vamos a contestarlas!

1. ¿QUIÉN es el actor principal?

Parece una pregunta de las de «anulada por tonta», pero no lo es. Es obvio que soy yo, y no es menos obvio que con mis actuales ideas, creencias, decisiones y experiencias («software») que he venido usando hasta el día de hoy no he conseguido lo que quiero, no he conseguido casi nada. Por tanto, dos cosas: a) he fracasado, y b) por ello debo cambiar mi forma de pensar urgentemente.

2. ¿QUÉ quiero conseguir?

Un millón de euros (en el ejemplo del libro).

3. ¿PARA QUÉ lo quiero?

Quiero perfeccionar mi lema: «La vida es tiempo, decisiones y dinero», tener el dinero suficiente para poder hacer con mi tiempo lo que me dé la gana y «aguantar» sólo a aquellos que yo decida.

4. ¿PARA CUÁNDO?

Para el 31 de diciembre de 2033 (nueve años).

5. ¿DESDE DÓNDE?

Veremos más adelante que contestar correctamente a esta pregunta, y ejecutar la respuesta, puede acortar notablemente el tiempo necesario para llegar al objetivo. En el pasado, comencé «a pelo», sin estructura fiscal y pagando, hasta que me dieron la primera hostia con la mano abierta, momento en el que decidí crear una estructura fiscal básica que no viene al caso aquí.

Para el presente, y futuro, tengo preparada la «Estructura», la elegida por mí que dejo «flotando» en el aire (haciendo otro *hook*) para explicarla más adelante. Y... ¡No te adelantes otra vez! Hazme caso, contente. Prometo que será más excitante.

6. ¿CÓMO?

Por fin llegamos a lo que le gusta a la mayoría.

—¡Dime cómo lo hiciste que yo también lo haré! —me inquieres.

—Lo siento. La vida no funciona así —replico yo.

Si he sido capaz de contestar a las cinco primeras preguntas, seré capaz de encontrar el «cómo», aunque en realidad lo tienes entre tus manos. Este libro es mi «cómo». Es mi estilo y, como diría Isra Bravo, «eso hay que respetarlo». ¡Grande Isra!

Quien no se lo crea, que cierre el libro, compre unas palomitas para microondas y se ponga a ver cualquiera de esas series insustanciales con las que intentan atontarnos.

¡Al loro con lo que viene ahora!

Ser rico en tiempo y dinero es una ciencia (casi) exacta

Es perfectamente factible y se sustenta en tener perfecto conocimiento sobre dos puntos.

1. Qué es lo que NO debo hacer nunca.

Un ejemplo: nunca, y cuando digo nunca es nunca, debo comprar un bien indivisible con nadie. Por ejemplo, una casa. ¿A que jode? Pues así es. ¡Es lo que hay!

2. Qué es lo que SÍ debo hacer, exclusivamente, para ser eficiente y conseguir mi objetivo.

Dos ejemplos: aprender sobre finanzas y vivir de alquiler. No estoy seguro del todo, pero creo que también jode. Pero también ¡es lo que hay!

¡ATIENDE! En el mundo del dinero, y en el de ganar dinero también, los citados dos puntos son claves. REPITO. En el mundo del dinero es vital saber en qué NO debo invertir nunca, diga lo que diga la masa borrega, que nunca ha conseguido nada, y saber cuáles son las pocas en las que SÍ merece la pena hacerlo para conseguir mi objetivo. El resto no me interesa.

¿Por qué yo, igual que la mayoría, no era rico? Muy sencillo. Porque por comodidad, yo invertía como dicta la mayoría, la sociedad y la costumbre. Y eso no sirve para nada. ¡Es obvio! Si hago lo que hace mi vecina, obtendré lo mismo que ella. Si hago siempre lo que hace la mayoría, obtendré lo que obtiene la mayoría. ¡Una mierda!

ASÍ QUE una idea clara que tener siempre «a mano»: ¡hago siempre lo contrario de lo que hace la mayoría! ¿Por qué? También es obvio. Porque para conseguir algo diferente, diametralmente opuesto, debo hacer lo contrario de lo que hacen los que fracasan.

«¿Dónde va Vicente? Donde va la gente.» «¿Y dónde voy yo? Siempre a donde no vaya Vicente.»

Por eso no me pierdo nada cuando obvio el pensamiento mayoritario y presto atención sólo a aquellos que hayan hecho «algo» de lo que pretendo. La mayoría de la gente no es rica, ¿no? Entonces, ¿por qué voy a hacerles caso? ¡Pues eso!

Imagino que habrá personas que discrepen, pero no me interesan. ¿Por qué? Porque sólo me interesa lo que me interesa y la gente «interesada» que tiene algo interesante que aportar.

Pues para conseguir ser «o rico o nada» es lo mismo: 1) adquiero la intención inquebrantable de querer serlo; 2) busco, a ser posible, y con el objetivo de ahorrar tiempo y dinero, un mentor o consejero que haya hecho y conseguido lo que yo quiero y esté dispuesto a ayudarme a eliminar el «software» (creencias, costumbres e ideas) que «traigo de fábrica», que ya ha demostrado no servirme de mucho; 3) consigo conocimiento con éste y con otros libros, y 4) entro en acción con los «Moviendo el culo» del final de cada capítulo para entrenar lo asumido.

¡Moviendo el culo!

1. He decidido no entregar mi valioso tiempo por poco dinero.
2. Aprendo a hacer que el dinero «baile» para mí, y me dedico a ello, aunque sólo sea en mis ratos libres.
3. Entreno la paciencia porque sé que la vida es lenta y la mente también lo es, y los objetivos que merecen la pena llevan su tiempo y se consiguen, igualmente, con lentitud.

7

Me muevo siempre como un rico

El ser humano siempre hace lo que quiere, y si no lo hace, es porque no lo quiere.

¿Qué debo asumir hoy aquí?

1. Moverse como un rico es vital.
2. Imagino que ya lo soy.
3. Y empiezo a moverme como tal.

La mente no entiende de verdad o mentira, de realidad o ficción. ASÍ QUE como cuesta lo mismo, ordeno a la mía que le ordene a mi cuerpo que se mueva desde ya como un rico. Lo entrenaré a diario. Cuanto más lo haga, antes lo seré. ¡Hay que moverse «como si» ya lo fuese!

Los ricos cuidan su tiempo. La vida es corta y la voy a «palmar», y por eso me obligo a cuidar, muy mucho, a qué y a quién dedico mis horas y minutos. Si no lo hago, no merezco serlo. Mi tiempo vale la «hostia» y no lo entrego fácilmente, ni a estúpidos (poco inteligentes), ni a desinteresados, ni a papanatas insustanciales (que hay muchos) y mucho menos a ricos ostentosos, que presumen, como si fuese lo más *cool* del mundo, de lo «ocupados» que están todo el día (rasgo inequívoco de «pringao» de manual) con sus proyectos, sus coches, sus relojes, sus bolsos, las «chuminadas» varias que han adquirido, sus estúpidos objetivos sobre tener un *jet* o facturar «tropecientos» millones al mes. ¡Me da mucha pereza ese tipo de gente!

¡ATIENDE! Un tipo, o tipa, que usa mucho tiempo de su vida para ganar mucho dinero y encima lo «airea», y que si dejase de usarlo (el tiempo digo) vería mermados notablemente sus ingresos, y por ende su ritmo de vida, ¡no es rico ni es «na»!

Para ser rico, ya lo he repetido varias veces, es condición *sine qua non* entender la necesidad de mantener siempre el equilibrio entre tiempo y dinero. Es una lección tipo «Barrio Sésamo»: si lo mantengo, puedo ser rico. Si no lo mantengo, nunca lo seré, ni aun ganando mucho dinero.

¡Sigo!

Los ricos no son, ni por asomo, como se ve en las redes sociales. Los ricos «de verdad» no ostentamos, ni se nos ve, ni se nos huele. No paseamos en «Lambos», eso lo hacen los ricos de pacotilla que están más interesados en que los vean y en «tener», más que realmente en «ser». Yo no quiero nada de eso. ¡No me resulta nada interesante y es una pérdida de tiempo y energía! Si aspirase a ser de esa clase de «rico», no estaría aquí compartiendo todo esto. Si aspiras a ser de ese tipo, cierra el libro y déjate abducir por las redes sociales.

Dicho lo cual, paso a hacer un importante aviso para los «flojos» de carácter: el presente capítulo es uno de los más importantes del Plan y está directamente relacionado con la primera de las seis preguntas que hemos contestado en el capítulo anterior, y que, un poco modificada, sería algo así: ¿quién va a ser realmente el que consiga el éxito o fracase? O sea, «el quién» de toda la vida. Sin quién, no hay rico que valga.

ASÍ QUE al presente capítulo debo dedicarle especial atención, razón por la cual intentaré esmerarme, explicándolo con dirección y precisión para que no resulte raro «de cojones». ¿Estamos listos?

1. Asumir conceptos «ricos»

Soy discreto

Los verdaderos ricos lo son, no son nada ostentosos, como reza la frase de la película *El secreto de Thomas Crown*: «La ostentación y el regodeo son una pérdida de tiempo». Y para ser rico, no se puede perder el tiempo.

Aprendo todo para ganar en el juego

No lo que me enseñaron y he usado hasta ahora, que obviamente me ha servido de poco, sino los conceptos que estoy aprendiendo aquí, que, una vez asumidos y entrenados, me llevarán a donde quiero, aquellos que buscaré la manera de transgredir, ya que las experiencias realmente interesantes de la vida, y el conocimiento útil e importante lo es, (casi) siempre están fuera de los «límites» establecidos por los seres humanos. Y no sé tú, pero yo hace tiempo que me borré del Club de los Borregos y transgredo siempre que puedo, eso sí, teniendo cuidado de no ofender ni molestar a los «flojos» y costumbristas.

Uso mi intuición para decidir

Sin estresarme, lentamente, sin prisas, que pese a lo que nos han inculcado, nunca son buenas. La rapidez no es buena ni natural, es imprecisa e impetuosa. La vida es lenta, la naturaleza es lenta, mi cerebro es lento y yo vivo así. ¡Lento! Así que decido lentamente y usando siempre mi intuición.

Imagino y sueño a todas horas

Sólo puedo conseguir lo que previamente haya sido creado en mi cerebro.

Sueño como un niño. Siempre y en todo. Si alguien me dice que no soy serio porque siempre estoy jugando, le digo: «¡Pírate, chaval!».

La vida es tiempo, decisiones y dinero

Siempre fue, es y será así. Mi objetivo es tener tiempo, dinero y el equilibrio entre ambos que me permita decidir hacer con mi vida lo que quiera. No se me ocurre nada más importante. Si todavía tuviere alguna duda, no tengo más que preguntarme, con total sinceridad, si a día de hoy he conseguido lo que quiero. Si la respuesta es negativa, todavía tengo tiempo para conseguirlo y un largo camino por recorrer. ¡Me tiro a la piscina aunque haya poca agua!

Si añoro pequeñeces, no merezco grandezas

Tarde o temprano conseguiré todo lo que imagine y decida: si imagino poco y decido poco, obtendré poco. Si decido algo ridículo e inalcanzable, eso es precisamente lo que obtendré. ¿Qué prefiero, una paliza o ganar un millón de euros? ¡Pues eso! Pregunta anulada por tonta.

Si quiero algo, lo tendré. Ahora bien, no seré tan descerebrado de pensar que va a ser fácil y aburrido, ¿verdad? Porque no, va a ser difícil y divertido «de la hostia».

Discierno entre lo esencial y una mierda «pinchada en un palo»

Lo primero, lo asumo. Lo segundo, (casi) todo lo relativo a mi pasado, lo tiro a la basura sin compasión. Lo esencial es lo que conecta directamente con quien soy. Hay muy poco y debo aprender a distinguirlo sin dejarme manipular por el exterior.

Sé qué es lo que NO me interesa

Es más importante saber lo que no, que saber lo que sí.

En la vida no hay tiempo para todo, hay que responder con un «no» la mayoría de las veces y acostumbrarse a usar a diario el «no me interesa».

Por ejemplo, cada vez que alguien venga a «venderme» algo que no me aporta nada, le espeto un «no me interesa» y asunto zanjado. Además, ¡nunca compro nada que me vengan a vender! No soporto a los vendedores.

Sólo me mezclo con quien habla de temas que me interesan

¿Por qué? Porque para aprender hace falta intención e interés, y si alguien intenta entablar una conversación conmigo sobre deporte, política, redes sociales, inteligencia artificial, «mundo» digital, estrategias de venta, inversión inmobiliaria, religión, televisión, economía... le espeto un «no me interesa» y asunto terminado. Con ello ahorro mucho tiempo (activo más importante del que dispongo y que administro como un rácano), que puedo dedicar a actividades más productivas, recordando que hoy soy, y tengo, exactamente el producto de lo que en su día decidí hacer con mi tiempo: «tanto hago, tanto valgo».

¡Nunca toco la campana!

Nunca me rindo, pase lo que pase. Siempre lo intento una vez más, como un martillo pilón y hasta conseguir mi objetivo, recordando que el fracaso sólo existe si me paro. Y nunca me paro.

Actúo siempre a contrario sensu

¿Por qué? Porque la mayoría nunca tiene razón y mi éxito no está en ese mundo, ni esas ideas, ni creencias, ni usos y costumbres. Porque me resulta obvio que si hago lo que hace la mayoría nunca conseguiré lo que quiero. Además, tengo tan arraigado y entrenado dentro de mí ir por el camino contrario, el menos transitado, donde está lo interesante de la vida, que me sería imposible ir por donde va todo el mundo. Para mí *a contrario sensu* es como respirar, es una acción automática sobre la que no tengo ni que pensar.

No intento controlar mi vida. ¡Es imposible!

Y como es así, e intentar controlar lo imposible es de «encefalograma plano», no controlo. Me enfoco sólo en mi interior, que es lo único real que puedo controlar, y nunca en el exterior. Me enfoco en lo que hago, en lo que puedo conseguir, me adapto y vivo el presente con total desapego al resultado.

Nunca copio. ¡No soy japonés!

Hago y creo por mí mismo, y sólo aquello que sale de mi mente y me resulte divertido para jugar. Nunca usaré una idea de otro. Soy único y me gusta sentirme así, aunque alguien intente convencerme de lo contrario.

¿No he dicho que no suelo hacer caso a nadie? ¡Pues eso!

Veo soluciones, no problemas

La vida es un conjunto de problemas que resolver sin fin. Solvento uno y aparece otro, solvento otro y aparece uno. ¡Es así! Hace tiempo que lo aprendí: es un juego divertido, y repito, ¡es así!

De modo que lo mejor es que viva siempre con una pregunta

en la punta de la lengua: ¿qué «toca» resolver ahora? Acepto lo inevitable, me adapto y actúo. Los problemas son oportunidades de incalculable valor que me presenta la vida para aprender y mejorar. Cuantas más situaciones incómodas me toque vivir, más aprenderé.

Si doy mi palabra, la cumplo

Nadie me obliga. ASÍ QUE si la doy, la cumplo. Soy rico, entre otras cosas, por haberla cumplido en el pasado; hasta hoy. Soy consciente de que incumplirla es la tentación del pobre de mentalidad, de quien vive siempre buscando atajos para conseguir migajas rápido. ¡No funciona! Si no cumplo mi palabra, conseguiré poco en la vida y no pasaré de ser un pobre mindundi deshonesto.

Si por un casual sintiese que no voy a poder cumplir mi palabra: ¡cierro la boca y no la doy! Mi palabra es ley.

Tengo opciones, nunca obligaciones

Desde que nací me programaron para aprender qué era lo que «debía» hacer, y he estado gran parte de mi vida obedeciendo, porque la costumbre y la obligación así lo dictaban. ¡Que «les den» a ambas! Dos conceptos poco eficientes y absolutamente patéticos.

Hoy en día, como hombre hecho y derecho que soy, cada que vez que escucho la siguiente frase, normalmente pronunciada por algún «indocumentado» irrespetuoso, «Deberías hacer esto o lo otro», se despierta en mí el impulso brutal e implacable del «animal» que todos llevamos dentro contra esa persona. ¡Nadie tiene derecho alguno a decirme qué tengo que hacer!

Si quiero ser rico y libre, sé que no debo permitir que nadie me dé «órdenes» y que debo desarrollar mi capacidad de decidir por mí mismo. Yo dirijo mi vida, decido qué hago con mi tiempo y no dejo entrar en ella a nadie que piense diferente. La vida es un muestrario interminable de opciones, nunca de obligaciones. Es algo que tengo muy presente, sobre todo cuando mi atención e intención flaquean. Para todo ello es de vital importancia aprender a usar con frecuencia la palabra «no». De cada cien veces, noventa y ocho noes sería una proporción fantástica.

No cambio mi comportamiento para satisfacer a nadie

Ya que cuando lo hago, prostituyo mi esencia generando un sufrimiento en mí por algo que ni me va ni me viene. Soy responsable de mis actos, pero no de los de otros. El «que cada palo aguante su vela» me lo inculcaron desde niño, y aunque la sociedad y la costumbre intenten manipularme para que vaya por el camino «social», soy el único que decide sobre mi vida: qué, cuándo, dónde, para qué y por dónde voy. ¡No hay más que hablar!

Vivo para jugar

Nací jugando. El niño juega, y jugar es la mejor manera de aprender: tanto si soy niño como si no lo soy. Pero permitirme jugar duró hasta una determinada edad, momento en el que, de repente, me dijeron que ya era un adulto y el juego había terminado, que los adultos no juegan, pues eso no es serio. ¡Menuda estupidez!

La vida es un juego al que hay que jugar, ¡sí o sí!, y cuanto antes lo aprenda, mejor. No tengo tiempo que perder: juego siempre y en cualquier situación.

Jugar es la mejor manera de aprender y de ser rico y libre. Jugar es el *flow* máximo y algo que a todos gusta. ¿Por qué prescindir de algo tan placentero, algo que constituye la mejor manera de vivir que existe? No veo ninguna razón inteligente. ASÍ QUE juego siempre, y es uno de mis rotundos síes de la vida. Obviamente, hoy nunca me relacionaría con alguien que piense lo contrario. ¡Mira tú, uno menos! ¿Para qué vivir una vida seria y sin juego? ¡Qué coñazo!

No me aferro a nada ni a nadie

Actúo solo, y sólo creo a quien demuestre que ha hecho lo que «vende».

Soy un individuo que antes de ser un insolente que pretende enseñar al resto, debo demostrarme que soy capaz «de hacer algo» por mí mismo: si no soy capaz de cocinar, no tengo derecho a enseñar a cocinar. Si no soy capaz de ganar dinero con mis inversiones financieras, no tengo derecho a «vender» que sí lo soy. Si no soy rico, no tengo derecho a enseñar cómo hacerse rico. Y así *ad infinitum*.

¡Estoy más solo que «la una»!

Si no soy capaz de estar, pensar, diseñar y ejecutar solo, nunca seré rico ni libre. Debo aprender a ser y a hacer por mí mismo antes de sucumbir a la tentación de enseñar a los demás. Y que conste que esto no quiere decir que no atienda nunca a nada ni a nadie. ¡No! Quiere decir, como cuando se despresuriza la cabina de un avión, que primero debo ponerme la mascarilla para ponerme a salvo y, una vez que lo esté, entonces sí, estaré capacitado para ayudar al prójimo, recordando cada día que el tiempo es oro y para ser rico es condición *sine qua non* mantener el equilibrio entre tiempo y dinero de manera exquisita, sin malgastarlos nunca ni con nadie. Me interesa ser bueno, ¡el mejor!, y las quejas y excusas no existen en mi vocabulario, ya que no sirven para nada. ¿Y qué hago con lo que no sirve? ¡Lo tiro a la basura!

Gestiono mi tiempo

Nunca me hagas perder el tiempo. Me molesta mucho, ya que de cómo decida usarlo dependerá todo en mi vida. ¡Todo es todo!

Si aprendo a usarlo correctamente, sin duda seré «o rico o nada».

Si lo dejo pasar, si dejo que se me escurra entre las manos, usándolo sólo para el placer y la satisfacción inmediata, seré pobre y mediocre.

¿Por qué pongo atención, «más o menos», a la hora de gastar el dinero, y sin embargo no la pongo tanto a la hora de usar y/o entregar mi tiempo? No tiene sentido y es una falta de inteligencia supina. Y así debe ser: los que usen bien el tiempo lo conseguirán todo. Los que no, no conseguirán nada. La vida es justa.

¡ATIENDE! Imagina que tengo una «chequera del tiempo» y que debo entregar un cheque cada vez que consumo parte del limitado tiempo del que dispongo para hacer algo en concreto. Pienso, por si me siento más «cómodo», cosa que dudo, que cada cheque equivale a una hora y que cuando lo entrego es como si entregase mil euros. ¿Lo siento? ¡Pues eso!

El tiempo es más valioso que el dinero, y debo entregarlo con cuentagotas y teniendo muy claro para qué lo quiero usar, ya que tarde o temprano se acabará.

ASÍ QUE desde ya me digo: «¡Es mi obligación poner sumo cuidado en qué y con quién uso mi tiempo!», ya que malgastarlo es tan «pecado mortal» como no respetar el dinero. Desde ya elijo entregar mis cheques como yo quiero, a quien yo quiero y nunca como me digan. Es una de las diferencias entre la riqueza, y no sólo material, y la pobreza.

¡ATIENDE! Si uso bien mi tiempo, seré rico y libre. Si lo uso mal, seré pobre y mediocre. ¡Son las dos maneras de vivir entre las que debo elegir!

¿Cuál elijo? Pregunta anulada por tonta.

¡Aprendamos a usarlo! Por pasos.

Tomo una decisión de «hacer algo», la anoto en mi agenda («Smart Panda», siempre de papel) asignándole un espacio temporal concreto (en mi caso divido cada media hora en espacios de veintisiete minutos de «acción» y tres de «relax») para ejecutarla cuando llegue su hora. ¡Sin excusas!

La agenda y el reloj digital (no sé por qué, pero me cunde más el tiempo si lo veo representado en dígitos en vez de manecillas) son armas poderosas, no sólo para gestionar mi tiempo, sino también para incrementar espectacularmente mi ratio de acciones exitosas realizadas a lo largo de cualquier período de tiempo: día, semana, mes o año.

Resumiendo: si gestiono bien mi tiempo, sin expectativas, sin preocuparme por lo que digan sobre mí, siendo consciente de las acciones asignadas en mi agenda para conseguir lo que quiero, sin estar pendiente de lo que pase y preparado para dar lo mejor de mí en cada situación de incertidumbre y cambio, estaré mucho más cerca de ser el rico definido en la contraportada, y de convertirme en... ¡Superman y Batman a la vez!

¡Sigo!

¿Cómo es un día de mi vida?

Me despierto, siempre sin despertador, sobre las 4.30 horas, me ducho, me enjuago la boca durante un minuto con una cucharada de aceite de coco con una gota de aceite de orégano (¡qué mal sabe, por Tutatis!), bebo agua marina disuelta en agua con limón y, veinte minutos después, tomo mi primer café.

Sobre las 5 horas me siento en «Rubik» (mi sala de juegos), me pongo los auriculares y escucho música relajante, abro la agenda («Smart Panda») y repaso las tareas que voy a realizar durante el día: escribo, leo y dejo vagar la mente.

A las 8 horas, como muy tarde, estoy en la piscina olímpica para hacer entre cuarenta y sesenta largos, tras lo cual me doy un baño turco, que no perdono ni un solo día.

A las 10.15 horas vuelvo a estar sentado en «Rubik» y es en ese momento cuando tengo la mayor actividad del día (revisar las inversiones y alguna reunión). Sólo «trabajo» de lunes a jueves, de cinco a doce de la mañana.

A las 12.15 horas, si el tiempo lo permite, tomo unos minutos el sol.

A las 12.30 horas cocino, como y me relajo.

A las 14 horas leo durante un par de horas alguno de los cinco libros que tengo diseminados por lugares estratégicos de la casa.

A las 16 horas escribo durante una hora y hago alguna gestión menor.

A las 17.50 horas apago las pantallas, doy por terminado el día y hago mi sesión de treinta minutos de TRX y estiramientos.

A las 18.30 horas me ducho y leo.

A las 19 horas tomo un café solo descafeinado y hago cualquier tontería que me relaje y sirva para ir «descomprimiendo» la mente.

Sobre las 21.30 horas me acuesto y leo algo banal con la firme intención de «desnucarme».

ASÍ QUE éste es mi cronograma que no suelo transgredir salvo cuando viajo. Todo simple y rutinario, pero siempre abierto a la incertidumbre y al cambio, sin hacer distinciones entre días lectivos y festivos, ya que si las actividades que hago me procuran *flow*, ¿por qué voy a dejar de disfrutarlas el fin de semana? Un rico usa su tiempo como le viene en gana y al margen del mundo, tanto un lunes como un sábado (salvo que sea judío). Quien ose hacer distinciones entre un martes y un domingo, será cualquier cosa menos rico. Organizar el tiempo es organizar «todo» el tiempo. Si quiero tener éxito y conseguir lo que quiero, vivir de lunes a domingo de la misma manera, sin hacer distinciones, es ya en sí una gran estrategia. No tiene sentido, ni es divertido, y es una estupidez, vivir como un «funcionario» de lunes a viernes y «tocarse las bolas» los fines de semana, o trabajar de lunes a viernes para gastarse el dinero el sábado y el domingo.

¡ATIENDE! El tiempo es el bien más valioso que puedo gastar: lo organizo y no lo pierdo. O sea: gestiono bien mi tiempo, voy a la cama a la misma hora, medito, como poco, realizo ejercicio moderado, me doy un baño turco al día, leo y escribo todo lo que puedo (está demostrado que plasmar las ideas en un papel, siempre a mano, mejora la capacidad de comprensión cognitiva en general), elijo bien mis amistades, con quién me «mezclo», tomo el sol durante unos minutos para crear el famoso «callo solar», me entreno a diario en comunicar con precisión cada vez que abra la boca, invierto y aprendo jugando. Todo ello resulta vital para ser rico en tiempo y dinero, y libre.

¡Ahora sí! Ya puedo salir corriendo a comprar una agenda, sin olvidar nunca que no soy ni más ni menos que lo que decida hacer con mi tiempo. ¡La suerte no existe y debo respetar mi tiempo de vida!

Decido sin parar

En mi vida obtendré lo que elija y decida, nunca sólo lo que desee, ya que el deseo no implica acción. ASÍ QUE ya que voy a pasar toda mi vida decidiendo, y teniendo en cuenta que nunca sabré si estoy en lo cierto, es vital que aprenda a hacerlo sin estrés y con total desapego al resultado, para lo que resulta útil disponer de un método simple y claro. Yo tengo el mío, al que llamo «carne o pescado», aunque últimamente he incorporado, otorgándole un gran peso, la verdad, la opción de «no hacer nada». ¡Así es mi vida!

ASÍ QUE ya tengo varias cosas claras:

1. Decido siempre.
2. Tengo tres opciones (casi) siempre.
3. Necesito una guía para decidir con eficiencia.

¡Voy con ello!

Una vez que tengo la información sobre las opciones sobre las que decidir, las estudio, procrastinando al máximo y dudando todo lo que me pida el cuerpo. Cuando ya las he sopesado, y sin intentar controlar nada, pienso lentamente y me dejo llevar por mi intuición. Y entonces decido.

Sobre la intuición: cuando permito dejar actuar a este potente «software» con el que salí de fábrica, me doy cuenta de con qué lucidez veo las situaciones que a mi lado lógico le cuesta mucho percibir. Reconozco, y no se me caen los anillos, que he vivido la mayor parte de mi vida usando la lógica, que también es necesaria, pero desde unos años a esta parte me permito que sea mi intuición quien dirija la «partida». Además, no debo olvidar nunca que ya tengo dentro de mí todo lo necesario, o sé dónde encontrarlo, para conseguir ser rico en tiempo y dinero. Sólo tengo que asumirlo, comenzar a buscarlo, encontrarlo y ponerlo a funcionar. ¡Es simple! Mi mente es un superordenador que tiene instalado en su interior un programa que es capaz de dar respuesta a (casi) todos los problemas que se le planteen, lo que viene a significar que puedo conseguir cualquier objetivo que me proponga. La decisión es única y exclusivamente mía, razón por la cual debo acostumbrarme a decidir sin parar, ya que si me equivoco, aprendo. Y cuanto más me equivoque, más lo intentaré y más aprenderé. ¡En bucle!

Simplicidad y minimalismo

Vivir diariamente según estos dos conceptos libera mi mente para centrarme en lo esencial, ya que no soporto lo complicado. Lo que no se puede expresar simplemente no merece la pena y no le dedico ni un solo minuto de mi «chequera» del tiempo. Simplifico mi vida para que me sea más fácil tomar decisiones.

La frugalidad, la simplicidad y el minimalismo son rasgos de la mayoría de los ricos. Tener muchos objetos embota mi pensamiento y me quita tiempo para lo esencial. Reconozco que esta parte del Plan es una de mis favoritas: lo útil y necesario se queda, el resto lo tiro. Y una vez hecho lo anterior, cuelgo en mi vida el cartel de «reservado el derecho de admisión» para todas aquellas cosas, ambientes, experiencias o personas que tengan posibilidad de entrar en mi vida.

REPITO: lo que necesito se queda, el resto se va. Siempre y en todo elimino lo superfluo. ¿Soy inteligente? Sí. ¿Me vale para algo lo superfluo? Para nada. ¡Pues eso! Eliminar de mi vida lo que no me sirve o me molesta libera espacio de mi «mochila» y tiempo para dedicarlo a cuestiones esenciales.

He tenido de todo y no ansío nada (material) en absoluto, sólo compro lo que necesito y nada que me vengan a vender. Aunque cada uno pueda hacer con su dinero lo que quiera, tener cinco coches, aquí y en Marte, es una estupidez financiera «acojonante».

Imagino que hubo un momento en mi vida que tuve encima toneladas de «basura»: creencias limitantes, amigos, experiencias, ambientes y objetos que no me permitían avanzar. Pero un día «se me cruzó el cable» y me puse manos a la obra con el objetivo de eliminar toda la mierda de dentro de mi mochila para poder viajar ligero de equipaje. Y una vez conseguido, ya nunca más permití que nada ni nadie que no fuese útil y/o necesario pudiese entrar. Quiero, y necesito, vivir simple y con pocas cosas, enfocado en mi individualidad, al margen de la masa amorfa de la sociedad de consumo concebida para producir sin parar objetos inservibles sujetos a la obsolescencia programada, incentivando su compra hasta límites irracionales que adormecen las capacidades de discernimiento y decisión necesarias para ser rico. Hoy en día, la mayoría, la masa borrega, cree ciegamente en la necesidad de producir de manera infinitamente creciente, para crear más puestos de trabajo, para consumir más, y así en un tiovivo sin fin. ¡Craso error! Precisamente, lo inteligente sería educar financieramente a la población para que pensase de manera contraria. Pero mientras las cosas no cambien, el individuo inteligente, culto y formado tendrá más posibilidades de prosperar.

Principio de necesidad

Me gusta lo que tengo y lo que soy. Sé que puedo conseguir todo aquello que imagine y me proponga, pero cuando me invada la estúpida tentación de comprar algo que no necesito, no lo compraré.

¿Por qué? Porque soy un tipo inteligente y me pregunto: «¿Por qué voy a comprar algo que no necesito?».

Por supuesto que cada uno puede hacer con su tiempo, sus decisiones y su dinero lo que le venga en gana, siempre que no sea una estupidez. Porque, como decía la madre de Forrest Gump: «Tonto es quien dice y hace tonterías».

¿Las hago yo? Intento no hacerlas para seguir siendo un tipo inteligente que vive de acuerdo con su esencia.

Si elimino las distracciones, y todo de lo que hablo lo son, y me enfoco exclusivamente en mi objetivo, el resto vendrá solo. Si soy capaz de tener cubierto el sexo y el dinero, y me rijo por el principio de necesidad y el minimalismo, seré un individuo in-manipulable, una cuestión nada baladí en el camino hacia el objetivo.

Negociar

> Si tu enemigo es superior, evítalo.
> Si está enfadado, irrítalo.
> Si estás igualado, combate.
> Y si no, reposa y recapacita.
>
> Sun Tzu

En la vida, mal que me pese, todo es negociar usando la comunicación y, por ello, quiero compartir unas ideas para, como siempre, asumir «moviendo el culo».

1. Abro la boca siempre con la intención de «conseguir» y nunca de balbucear. Si no, mejor me quedo callado.
2. Estoy siempre preparado para negociar, aunque cada vez me guste menos.
3. Entreno la comunicación todos los días: leyendo, escribiendo y declamando.

Y todo ello ¿para qué? ¡ATIENDE! En la vida o hago lo que yo decido, o lo que decide otro. ASÍ QUE para nunca estar en manos de otro, aprendo a hablar, comunicar y negociar.

Obvio al «vecino»

Actúo por mí mismo y me importa poco qué haga el resto. Estar pendiente de cualquier cosa que ni me va ni me viene me resta energía y me hace perder mi valioso tiempo, lo cual resulta ineficiente y eso es pecado mortal.

ASÍ QUE salvo que alguien se entrometa en mi vida, ¡yo a lo mío!

Soy educado y digno de confianza

Debo serlo siempre, incluso con quien no lo merezca, ¡que hay muchos!, y obviando a todo aquel que no lo sea.

Conocimiento, dinero y fuerza

Con el conocimiento se consigue el dinero y la fuerza, con el dinero se consigue la fuerza, y con la fuerza, nada. ASÍ QUE lo tengo claro. Para ser feliz, rico y libre, me enfoco en aumentar mi conocimiento (en todo) y respetar siempre el dinero: ganándolo, no perdiéndolo, nunca malgástandolo y recordando siempre que soy AZ Corporation.

Elimino los «parásitos» de mi vida

Tanto personas como ambientes. Como dijo Ayn Rand, y suscribo al cien por cien: «En la vida hay creadores y parásitos: unos crean y otros "chupan" el talento, la energía, el tiempo y el esfuerzo de los primeros». ¡No hay de qué preocuparse! Si aparece algún parásito, hago dos cosas: le espeto un «no me interesa» y lo «tiro a la basura». Y me quedo tan campante.

Persigo situaciones incómodas

Hay tres acciones, rápidas y seguras, para entrenarse de cara a la consecución del objetivo: 1) hacer siempre lo contrario de lo que hace la mayoría, 2) ponerme siempre que pueda en situaciones incómodas, y 3) confiar en que la perfección existe, y ésa es «La Elegida» (estructura fiscal elegida por ti y por mí).

El sexo, madrugar y estar moreno

Hacer sólo caso a las personas que yo quiero ha sido una constante en mi vida. Y una de ellas, que siempre me ha fascinado, fue Aristóteles Onassis, un armador griego, millonario, que comenzó de camarero en un restaurante de Buenos Aires, y que decía que para ser rico había que observar fundamentalmente tres cosas: madrugar, estar siempre moreno y no perseguir a las hembras hasta no haber cumplido los 40, ya que decía que era un gasto de energía innecesario e ineficiente, siempre que tu objetivo fuese ganar dinero. El bueno de «Ari» fue millonario saltándose «a la torera» el último punto. ¡Tú mismo!

Abrazo la intuición, la procrastinación y la duda

Tres denostados conceptos, sobre los que la mayoría hemos estado equivocados durante muchos años. Desde hoy dudo, procrastino y uso mi intuición para tomar decisiones.

¡Moviendo el culo!

1. Mi mente no entiende de realidad o ficción.
2. Cada día al levantarme me digo frente al espejo: «¡Soy rico!».
3. No soy como la mayoría ya que cuando nací rompieron el molde.
4. Entreno cada día moviéndome como un rico.

8

¿Dónde me «conviene» vivir?

Viví en diferentes lugares por trabajo, hasta que un día me cansé y decidí ser rico. ¿Para qué? Para vivir como y donde me diese la gana, un «lugar» del que nunca me quisiese mover y al que siempre quisiese volver.

Érase una vez un residente fiscal español, o de cualquier otro país en el que se tribute por «residencia» (pagando impuestos por todas sus rentas mundiales), que vino a pedirme consejo sobre qué podía hacer para pagar menos impuestos. ¿Qué le contesté?: «¡Pírate ya cuanto antes!», eso le contesté. ¿Por qué? Porque en un país en el que se tributa por «residencia», como no tardaremos en ver, no existe ni una sola posibilidad de conseguir una elusión mínimamente interesante. ¿Por qué? Porque la Hacienda española es una de las más eficientes del mundo, y debes ser consciente de que si ganas dinero, ¡pagarás!

Porque lo que más impuestos, y más altos, genera es lo que más hace la gente: trabajar por cuenta ajena y comprar «ladrillos». ¿Jode? ¡Pues eso!

ASÍ QUE si ganas «pasta gansa», con la actividad que sea, y quieres minimizar el pago de impuestos, lo mejor es «salir pitando hacia un nuevo lugar». Eso sí, haciéndolo de manera estudiada y ordenada. Es así de simple, y no hay que darle más vueltas. Así son las cosas: se presenta un problema y se le da solución, sin quejas, ni excusas. Si te quedas, pagas. Si quieres minimizar el pago de impuestos, incluso a cero, ¡tendrás que pirarte! De nuevo, es así de simple. Por eso siempre digo que se pagan los impuestos que se quiere: depende de lo que se haga, así se paga. O no.

¡Sigo!

Todos los proyectos comienzan, además de con un «quién», como ya he visto, con un «desde dónde», que aunque muchos no lo crean, marcará la diferencia en el futuro de la cantidad y calidad del proyecto. Por todo ello, es de capital importancia aprender a diferenciar el dónde «quiero» vivir, del dónde me «conviene» vivir. Sé que es una cuestión sobre la que la mayoría rara vez se pregunta, pensando erróneamente que se debe vivir simplemente donde se «supone» que debo vivir. ¡Bien! Todo eso está muy bien, pero si ganas «pasta», la cosa cambia.

Pero para eso, como he dicho varias veces ya, primero hay que ganar «pasta». ¿Queda claro?

¿Qué debo asumir hoy aquí?

1. No ir «chorreando» por la vida sin ton ni son

¿Qué significa «chorrear»? Permitir que se me escurra el dinero entre los dedos como si fuese bobo. ASÍ QUE cada vez que gane dinero, sea por el medio que sea, pondré toda mi atención para evitar que uno de mis tres grandes «enemigos» erosione el dinero ganado gracias a mi talento. ¿Cuáles son esos tres enemigos? Los gastos innecesarios, las deudas y los impuestos, todos igual de innecesarios. Debo «ponerme las pilas» para mantenerlos alejados de mis ingresos y/o activos, cuestión que sólo depende de mí. ¡Sí! Sólo depende de mí.

Y ahora, una vez lo sé, la cuestión es saber si estoy dispuesto a hacer algo al respecto o no. Si la contestación es que no, quizá lo mejor sea que deje de leer, ya que sería una clara demostración de mi incapacidad, falta de atención y no merecimiento de riqueza, porque tengo claro, ¡muy claro!, que para que pasen cosas diferentes y «orgásmicas» en mi vida, debo hacer cosas diferentes a la mayoría. Si no, nada nuevo pasará.

2. El «desde dónde»

a. Sólo yo decido dónde quiero vivir, sin dejarme influenciar por nadie.
b. Investigo y estudio dónde me «conviene» vivir.
c. Sólo viviré allí donde me traten bien, donde pague una cantidad razonable de impuestos gracias a la elusión internacional (legal). ¡A tope!

Nota para todos, todos (cultos e incultos, socialistas, liberales y minarquistas), que deberíamos grabar en nuestra mente: «La evasión es delito y tóxica, la elusión es legal y sana».

Si por alguna «oscura» razón no me queda claro alguno de los puntos anteriores, los vuelvo a leer tantas veces como sea necesario. Cuando los asuma, seguiré leyendo. ¿Por qué? Porque si me bloqueo aquí o tengo algún dilema moral en una cuestión tan básica, no me quiero ni imaginar la que me espera con el brutal contenido de los capítulos que vienen a continuación.

¡Ah!, y como de costumbre, aquí nada es opinable. Si quiero lo hago, si no quiero no lo hago. Pero nunca opino (salvo que me pregunten), ya que es una pérdida de tiempo y energía, y no estoy aquí para perder nada.

¡Sigo!

Pregunta vital que debo contestar sinceramente: ¿hay algo que me impida vivir donde quiero, residir fiscalmente donde me convenga y ser tratado bien en ambos lugares? La respuesta es un rotundo no. ASÍ QUE si finalmente no lo hago, es porque simplemente no lo quiero. ¡Pues eso!

Ahora bien, ¡que ni se me ocurra responsabilizar a nadie de mi desidia, vagancia o torpeza! ¡Que ya soy mayorcito!

Al margen de ello, para animarme suelo utilizar la siguiente pregunta: ¿quién podría ser el «impresentable» que se arroga el derecho a decirme dónde tengo que vivir? Si en el país donde nací me tratan mal o simplemente no me conviene, sé que tengo la opción, nunca la obligación, y el derecho de «coger» el hatillo y pirarme adonde me venga en gana. No le pertenezco a nadie. ¡Absolutamente a nadie! Y si alguien piensa diferente y se deja mangonear... ¡tiene un problema de cojones!

Soy libre, nací libre, y nadie tiene derecho a limitarme. Concepto clave que hay que tener en mente cada minuto del día y al que muchos, no sé muy bien por qué, no le dan la debida importancia. Y un ser humano que no se cree libre, que no tiene como misión en la vida serlo, y que carece de imaginación o no la usa a diario, es alguien que ha enfilado la calle «del principio del fin»: perdido, condenado y «disminuido», yendo por la vida a la pata coja mientras otros corren. Todo ello supone un grave problema social, que permite que la mayoría sea fácilmente manipulada. Y a mí nunca me ha gustado que me manipulen, y menos que me digan qué tengo que hacer.

¡Sigo!

Como he dicho antes, todo proyecto, y ser «o rico o nada» es el más grande, comienza desde un «quién» y sigue desde un «dónde»: con respecto al «quién», si mi viejo «software» (ideas, creencias y costumbres) no me ha llevado hasta ahora a quien quiero ser, por mucho que me duela, ¡no me sirve para nada! Y con respecto al «desde dónde»: el lugar desde donde decida desarrollar mi proyecto (mi vida), donde se me permita vivir a gusto, relacionarme en plena libertad con quien desee, me transformará como persona. ¡Sí! La elección de un lugar no sólo es de vital importancia por motivos fiscales, sino que también moldea a las personas, y por ello tengo la obligación, incluso la necesidad, de encontrar mi lugar «mágico» donde tenga lo que necesito, del que nunca quiera partir y, en su caso, al que siempre quiera volver. Ese lugar existe, me está esperando y seguramente no sea el que creo. Y en estas cuestiones, la costumbre no suele ser una buena consejera. ASÍ QUE teniendo en cuenta que el «quién» y el «desde dónde» son de gran importancia, debo prestar atención a lo siguiente: soy yo quien marca las condiciones y decide dónde quiere vivir, haciendo siempre caso omiso a los que me sugieren u ordenan, y nunca a la costumbre. Soy yo quien decide dónde residenciarme fiscalmente: donde mejor me traten y pueda dirigir mi vida, invertir y gastar con seguridad jurídica sin que ningún Estado me «exprima», ni me controle y me moleste lo justo.

Para abrir boca, y tener siempre presente: sé que existe y está a mi alcance la posibilidad de residenciarme fiscalmente en un país (A), vivir, si así lo deseo, en otro país (B), e incluso en otro más (C), pagando unos impuestos cercanos a cero y viviendo en paz. ¡Ése es uno de los objetivos que debo conseguir!

1. Calentando motores

Para ponerte en situación. Como ya sé, mi objetivo aquí, razonable y conservador, es conseguir un millón de euros (Gran Capital) en los próximos nueve años (como máximo), cantidad sobre la cual, una vez conseguida, obtendré un 10 por ciento de rentabilidad neta anual (como mínimo). Como te digo, sólo es para ponernos en situación.

Recuerdo, por si alguien anda despistado, que la manera de ganar dinero que elegí, tras largos años de observación y experimentación, es hacer que el dinero «baile» para mí, sin vender mi tiempo nunca más y usando mi intención y conocimiento para hacer crecer el dinero sin parar, a través del «Bucle» (capítulo 13) y con el menor pago de impuestos que la elusión me permita. ¡Pues eso!

¡Sigo!

Ya he hablado antes sobre los tres conceptos que erosionan mis ingresos y/o activos. Y ahora, dando por supuesto que los gastos innecesarios, y por tanto estúpidos, y las deudas ya están controlados o incluso eliminados, hablaré sobre el «desde dónde» con el objetivo de ser yo quien «erosione» al tercer elemento que, a su vez, intenta hacerlo con mi «pasta»: los impuestos. Y para ello tendré que pensar seriamente en trasladar mi residencia fiscal al lugar que me «convenga», que (casi) nunca coincidirá con el lugar donde quiera vivir, aunque a veces sí coincide o puedo hacer que coincida.

ASÍ QUE tengo que elegir dos sitios. Elegir el primero (el de conveniencia) automáticamente tendrá como consecuencia que mi vida sea más barata (término nunca absoluto, siempre relativo), con menos gastos, más calidad, menos deudas, mayor seguridad jurídica para que ningún Estado puede «hacerme suyo» y con un pago de impuestos cercano a cero. El resultado, como digo, será una drástica disminución de las detracciones globales, lo que aumentará notablemente mi cuenta de resultados (ingresos menos gastos) y la posibilidad de llegar antes a mi objetivo. ¡Y eso mola «que te cagas»!

Con eso y con la eliminación anterior de deudas y gastos innecesarios, me habré (casi) «cepillado» a mis tres «enemigos», y así, cuando le toque «bailar» al dinero, lo hará lo más neto posible, ¡como bailando «en pelotas» vamos!, acortando el tiempo que tenga que estar bregando en el camino.

ASÍ QUE, y para que nadie se me despiste, si la decisión tomada en el capítulo 4 («¿Estoy dispuesto a serlo?») sigue siendo firme y no me he «cagado en los pantalones», estoy obligado a «encontrar» esos dos lugares.

Ahora voy a poner algunas opciones encima de la mesa para comprobar las diferencias existentes entre ellas, valorar cuáles resultan aptas y ponerte la miel en los labios a ver si adivinas cuál es «La Elegida», que, si tenemos en cuenta que al inicio del libro has aceptado ponerte en mi lugar, será como si la hubieses elegido tú. Todo ello en aras de decidir con sentido, ya que ello, sin duda, tendrá un impacto brutal en el resultado final.

¿Adónde quiero llegar con todo esto? A entender la necesidad de estar capacitado para tomar las decisiones adecuadas para ser rico y libre, cuestiones que prometo desvelar. ¡Todas, todas!

2. ¿Dónde quiero vivir «realmente»?

A alguien poco experimentado podría parecerle una decisión clara como el agua, pero no lo es. A mí, que soy un poco nómada, siempre me ha «movido» la idea de cambiar de lugar, de la aventura, de los nuevos ambientes, de los nuevos descubrimientos, pero reconozco que toda «mudanza» tiene su parte «cachonda» y su parte de «coñazo». Pero «el que quiera peces, que se moje el culo».

¡Ahora bien!, me parece peor, y un craso error, dejarse llevar por la rutina, la inercia o el hábito, o por el dónde se supone que «tengo» que vivir: donde está mi familia, mis amigos, mi negocio o trabajo, mi restaurante favorito, el bar donde me sirven un pincho de tortilla fantástico (sin cebolla, ¡por supuesto!) o donde he vivido siempre. Sí, soy consciente de que con lo de la «cebolla» acabo de mencionar al «yeti». Pero... ¡nada es opinable! Jajaja.

¡Sigo!

En mi caso, siempre he utilizado un «truco» mental para motivarme y sentirme potente ante este tipo de decisiones importantes, que consiste en repetirme hasta la saciedad la siguiente frase: «El mejor lugar para vivir siempre será donde yo esté».

ASÍ QUE creo que merece la pena dedicar algo de tiempo, y energía, a estudiar, buscar, encontrar y decidir, tanto el lugar donde quiero vivir, como el lugar donde me «convenga» vivir, con el objetivo de reducir mi factura fiscal y de cambiar de vida.

¡ATIENDE! Si a estas alturas, no estoy dispuesto a hacer ciertos pequeños sacrificios, quizá signifique que no quiero ser rico o no lo merezco.

¡Venga, va! Espérame cinco minutos, que voy a darme una ducha fría para que se me pongan los «huevos» como canicas y se me quite la tontería.

Tras cinco minutos escasos (¡qué le voy a hacer, no he aguantado más!), ya estoy de vuelta.

¿Cómo quiero que sea mi lugar elegido para vivir? Primero lo defino y luego lo busco. Mi lugar preferido está en el campo, cerca de una ciudad mediana (300.000 habitantes como máximo), con buena relación calidad/precio, bien comunicada por tren, aeropuerto internacional a menos de cuarenta minutos, rodeada de un paisaje verde (soy de clima frío y no me gusta la aridez), con un buen mercado de verdura y pescado, un hospital cerca y una librería (me gusta tocar los libros antes de comprarlos).

Quiero vivir en un *loft* minimalista, íntimo, cómodo y silencioso, con una gran cocina (me pirra cocinar e invitar a mis amigos, y cada vez soporto menos comer fuera de casa), mi sala de juegos («Rubik») y una gran biblioteca para mis libros... Normalmente, cuando se hace una lista así, la mayoría de las opciones se «caen», pero si no es así, no hay más que incrementar el nivel de exigencia hasta que aparezca el lugar elegido.

3. ¿Qué es la residencia fiscal?

La residencia fiscal es la condición por la cual, según dicen las agencias tributarias, una persona tiene, si es nativa del país, o adquiere, en el caso de ser extranjero, la obligación de pagar impuestos en el país en cuestión, siempre que cumpla, como mínimo, con una de las condiciones que ellos mismos «proponen». Sirva de ejemplo lo siguiente: ¿cuándo se «dice» que una persona es considerada residente fiscal español (o para casi cualquier otro país en el que se tribute por el concepto de «residencia»)? Generalmente, cuando ocurre una de las siguientes tres condiciones: 1) que permanezca en el país durante más de 183 días, condición que, en contra de lo que la mayoría pudiera pensar, resulta en la práctica bastante irrelevante y sencilla de solventar; 2) que tenga una vivienda a su disposición en el país, y 3) que el núcleo principal de sus intereses económicos (directa o indirectamente) se encuentre en España.

Siendo así, el individuo que cumpla una de las tres condiciones citadas, y por tanto fuese considerado, independientemente de su nacionalidad, residente fiscal español, se convertiría en sujeto pasivo obligado a declarar y tributar por todas sus rentas mundiales (tanto si los ingresos se producen dentro como fuera del país).

El tipo impositivo del IRPF (impuesto directo) puede llegar al 52 por ciento.

4. ¿Cuántos sistemas tributarios existen?

Existen cinco, y son éstos: residencia, territorialidad, «non dom», sin impuestos directos y nacionalidad. Obviamente, sólo podré elegir uno de ellos, pero es de capital importancia conocerlos todos, precisamente para estar capacitado y elegir con sentido.

Hay muchos países en el mundo y pocos sistemas tributarios, los cuales «intentan erosionar» el dinero y los activos de sus habitantes, tratando siempre mejor a los foráneos que a los nativos. Y aunque no parece justo, es así e interesante conocerlo para poder beneficiarme.

Pero ¡no todo está perdido! Existen países para todos los gustos: unos sin impuestos directos, otros sin impuestos indirectos y otros muchos en los que se puede conseguir no tributar (casi) nada.

¡ATIENDE! ¡Sí! Se puede conseguir de manera absolutamente legal, sólo tengo que decidirlo. Y algo muy importante: tener la posibilidad de no pagar impuestos en un país determinado no lo convierte automáticamente en la mejor opción, ya que también hay que fijarse en otras condiciones, como la calidad de vida, la delincuencia, la sanidad, la gastronomía, la seguridad jurídica, el clima, la facilidad para entrar y salir del país, el grado de «estatismo» (influencia que tiene el Estado sobre sus habitantes), la facilidad para hacer negocios, constituir sociedades, comprar pisos, invertir en general, gastar, etcétera.

¡Empiezo!

4.1. Tributación por residencia

Es el sistema fiscal con mayor implantación en el mundo. Como ya hemos comentado, si se me considerase residente fiscal por una de las tres condiciones antes citadas, estaría obligado a tributar por todas mis rentas conseguidas en todo el mundo. Si ése fuese el caso y crease una sociedad (cien por cien de mi propiedad), que sería la que haría «bailar» el dinero y percibiría todos los beneficios de las inversiones, tendría que tributar tanto por el salario como por los dividendos que percibiese dicha sociedad. Es decir, que pagaría por todo. O sea, ¡una ruina! Pero... todavía hay esperanza, ya que en el mundo existen países que disponen de leyes tributarias internacionales que me permitirán gestionar mi sociedad extranjera sin pagar impuestos, salvo que yo resida en un país con un sistema de tributación por residencia.

¡ATIENDE! Hay algo que tengo la obligación de grabar en mi mente, **grabarme en la mente**, que es un objetivo en sí, perfectamente factible, y que sería «interesante» cuando menos valorar: sé que quiero y tengo la posibilidad de residenciarme fiscalmente en un país (A), desde donde pueda dirigir mi sociedad domiciliada en otro país (B), que será la que ingrese los beneficios de mis inversiones financieras con (casi) nulo impacto fiscal, tanto para mi sociedad (beneficios societarios) como para mí, todo ello por las ganancias de capital y/o dividendos que decida cobrar como persona física. Es decir, será la sociedad quien facture todo y me dé, si quiero, los beneficios (vía dividendo) y un sueldo, y todo ello con el mismo impacto fiscal: cero impuestos.

Países con tributación por residencia: España, Francia, Austria, Suecia, Finlandia, Dinamarca, Países Bajos, Italia, Noruega, Lituania, Bulgaria, Croacia, Estonia, Andorra, Montenegro, Rusia, Chile y Suiza.

Ya tengo, pues, una primera aproximación de qué ocurriría si decido vivir y dirigir mi proyecto (como persona física) desde un país en el que se tribute por «residencia».

Una cosita, ¿he mencionado ya el lugar elegido por mí para residir fiscalmente? Ahí vamos viendo.

NOTA: creo que he dicho anteriormente que hay un lugar en este libro, ¡y no miento!, en el que explico con pelos y señales la estructura elegida por mí: ¡completita! Y también he dicho que estaría bien contenerse y no ir a buscarla ahora como un poseso y esperar que aparezca en el lugar exacto que he diseñado para que sea vista. ¡No seas «cagaprisas»!

¿Serás capaz de contenerte? Espero que sí.

4.2. Tributación territorial

En contraposición al de «residencia», este sistema sólo grava los ingresos generados dentro del país. Es decir, que si obtuviese mis ganancias de capital provenientes de fuera del país, estarían totalmente exentas.

¡Veamos!

Imagino que se empiezan a vislumbrar las interesantes opciones que puede ofrecer un país «territorial», ya que son los más atractivos para quienes nos dedicamos a las inversiones financieras en general, emprendedores no atados a ningún lugar, o dispuestos a «desatarse», nómadas digitales o con negocios internacionales en línea, porque permitirían dejar exentos todos los ingresos provenientes del extranjero.

Países con tributación territorial para personas físicas: Filipinas, Paraguay, Panamá, Namibia, Georgia, Belice, Gibraltar, Singapur, Costa Rica, Nicaragua, Macao, Hong Kong, Malasia... Parecen muchos, pero es realmente sencillo hacer una criba hasta encontrar el que realmente encaje con mi manera de pensar y de vivir. ¡De hecho, yo lo tengo claro!

4.3. Sistema «non dom» (no domiciliado)

Es un sistema mixto que se da fundamentalmente en el Reino Unido y sus antiguas colonias, donde los ciudadanos nativos tributan mediante el sistema de «residencia», mientras los extranjeros pueden acogerse al tipo de tributación «non dom», que básicamente es un sistema «territorial», pero aplicando la llamada «cláusula de transferencia», por la que los ingresos generados en el extranjero sólo estarán libres de impuestos siempre que no se introduzcan dentro del país en cuestión.

Ejemplo de países «non dom»: Malta, Reino Unido, Irlanda, Barbados, Mauricio y Tailandia.

4.4. Sistema sin impuestos directos

Son países donde no se impone ningún impuesto directo a sus habitantes. En general, son pequeños, insulares, monarquías ricas en petróleo o centros financieros *offshore*.

Ejemplos de lugares donde se puede vivir libre de impuestos: Bahamas, Islas Caimán, Mónaco, Anguila, Brunéi o Catar.

4.5. Tributación por nacionalidad

En este grupo solamente están Estados Unidos y Eritrea, en los que se tributa por todas las rentas mundiales simplemente por tener el pasaporte del país.

5. ¿Diferencia entre dónde vivir y dónde me «conviene» vivir?

Suele existir una diferencia clara entre los dos lugares y casi nunca suelen coincidir. Es decir, lo normal es residenciarse fiscalmente en uno y vivir en otro. Ahora bien, cuando el país elegido sirve para las dos cosas, suele ser un momento de gran júbilo y regocijo para el interfecto que tenga dicha suerte o, simplemente, se haya tomado la molestia, el tiempo, el estudio y los «cojones» de buscarlo e intentarlo. ¡Paciencia! En nada veremos si existen opciones para ello.

Ahora que ya sé las diferentes opciones de tributación como persona física, tendré que elegir temporalmente una de ellas para, en su caso, poder combinarla (al terminar el capítulo 11 o cuando llegue el momento de explicar «La Elegida»), con la sociedad que elija para ultimar mi estructura fiscal, momento en el que abriremos las cuentas personales y societarias, tanto bancarias como de bróker, para invertir, guardar y salvaguardar el dinero y los activos (capítulo 12).

—¡Ya, ya! No te vayas por «los cerros de Úbeda» y dime qué país has elegido para residenciarte fiscalmente. Y de paso, dónde has decidido realmente vivir —me dices excitado.

—Entiéndeme, pequeño saltamontes. He de mantener el suspense, y prometo «mojarme» para que la espera merezca la pena. Y así, mientras avanzo, tengo tiempo para pensar en las diferentes opciones e ir trabajando mi creatividad.

¡Venga, va! ¡Animemos a la audiencia!

Existen varias opciones casi perfectas, salvo para algún «rarito» quisquilloso, que siempre los hay, que quiera «mojar sopas y sorber a la vez», lo cual, como todo el mundo sabe, es imposible.

¡ATIENDE! La mayoría de las estructuras que se diseñan para minimizar el pago de impuestos y se venden a inversores y/o emprendedores, confiados e incautos, tienen su talón de Aquiles precisamente en el lugar elegido para la residencia fiscal de la persona física. ASÍ QUE debo poner especial atención a la hora de elegir ese lugar donde me «conviene» vivir, ya que sin duda es el inicio del camino hacia el éxito.

¡Sigo!

Sé que desde hace tiempo flota en el aire la siguiente pregunta: «¿Sería posible vivir en el mismo lugar en el que me residencie fiscalmente?». Claro que se puede. Y además, como he dicho hace un rato, puedo residenciarme en A y vivir donde me dé la gana. Así que no hay de qué preocuparse.

Por todo ello, debo ser yo, y solamente yo, quien elija mis dos lugares.

Y con ese simple gesto, con esa simple decisión, me acercaré más a la riqueza, ahorrándome legalmente el pago de impuestos de por vida, lo cual puede rondar, entre «pitos y flautas», en torno a un 35 por ciento anual. Lo que está muy pero que muy bien. ¡Digo yo!

Lo que parece claro y obvio es que para mi tipo de ingresos, el peor sistema de tributación, casi siempre, es el de «residencia», y el mejor, el de «territorialidad». Y de los lugares eficientes para constituir mi sociedad, de la que seré accionista único, hablaremos en el capítulo 11. Y luego, ¡de sopetón!, recibiremos un «regalo».

¡Moviendo el culo!

1. Sé que mi objetivo sigue siendo «o rico o nada».
2. Elijo dos sitios: uno para residenciarme fiscalmente y otro para vivir.
3. Cojo la mochila y me muevo.

—¡Aitor! ¿Por qué no te dejas de tonterías y empezamos a hablar de dinero?

—Vamos a ello, que ya va siendo hora.

9

Si el dinero no existe, ¿cómo lo gano?

Nunca seré rico ganando un salario. Lo seré siendo rebelde e invirtiendo sin parar todo el dinero que llegue a mis manos y no gaste.

¿Qué debo asumir hoy aquí?

1. El dinero no existe, pero sí es el producto que todos desean.
2. Ganar dinero es sencillo.
3. El «cuánto» y el «para cuándo», ¡eso es lo complicado!
4. Existen cuatro únicas maneras de ganar dinero.
5. ¡Elijo una y me enfoco en ella!

ASÍ QUE obtendré ventaja competitiva cuando sea consciente de que el dinero no existe y es lo que todos persiguen, y me permito «correr» mientras el resto va a la «pata coja» por la vida. Los primeros saben, los segundos miran. Y como dijo un sabio: «En la vida tienen que existir tontos para que los listos podamos vivir».

Sin más preámbulos. ¡Que empiece la fiesta!

¿Qué significa «el dinero no existe y, a la vez, es el producto»?

El dinero físico que circula hoy en día no está respaldado por ningún activo tangible, por lo que hablar de dinero es hacerlo de algo etéreo. El dinero bancario (digital) no es más que una anotación en cuenta de algo que realmente no existe; ni siquiera como creemos. El dinero no está donde creo que está. El dinero no está en el banco. Lo que llamo «dinero» no es más que el resultado de una falsa creencia, de un pacto por el que un alto porcentaje de seres humanos admiten que unos determinados símbolos significan riqueza, cuando en realidad no son más que ¡una filfa!

El dinero, por lo menos en la cuantía que pienso e imagino, no existe.

Y no existe, por lo siguiente...

En el mundo hay una «aparente» cantidad inicial de dinero (x), del que la mayoría (¡una abrumadora mayoría!) es un mero apunte contable. O sea, no es nada. Y a pesar de ello, y de manera increíble, el dinero no para de crecer, pero no lo hace como la masa cree. ¡No chaval! El dinero no se crea imprimiendo, el dinero se crea cuando un banco le da (porque a mí no quiero que un banco me dé nada) un crédito a un insaciable gastador. ASÍ QUE sólo con ese gesto (la concesión de un crédito), el dinero «aparente» del inicio (x) acaba de crecer. Ahora ya tenemos (x + y). Pero ¡yo no me dejo engañar! Veo claramente que (x) existe, pero (y) no. ¡Claro! Pero además, a (x + y) tendría que añadirle los intereses (z) sobre el capital prestado (y). ¿No es cierto? Así que ya tenemos una «cojonuda» montada y, usando la magia, el dinero ha vuelto a crecer: (x + y + z), y repito, realmente sólo existe (x), pero todos pensamos que no. Y todo esto, no saber cuánto dinero hay realmente encima de la mesa antes de empezar una partida de póker, es realmente peligroso. Aprovecho para dejar una poderosa píldora de conocimiento que, si realmente quieres ser rico, no deberías olvidar nunca: «Hay que tener el menor dinero parado posible. En vez de eso, hay que tener activos que den dinero, y en cuanto me lo den, volver a comprar más activos, para que me conozcan en el barrio como "El comprador impenitente". Es decir: con todo el dinero que no gaste, compraré activos sin parar y, mientras pueda, no venderé nada. Soy un comprador, no un vendedor».

¡Sigo!

O sea, que el capital prestado más los intereses nunca podrá ser devuelto. ¿Por qué? Sencillo: ¡porque no existe! Algunos podrán pagar sus deudas, pero nunca todos, ni todas las deudas. Lo que representa un gran problema de cara al futuro y una manera de tener controlada a la población, por lo menos a todos aquellos que no intentan el «o rico o nada» ni demuestran querer ser libres. Todo es una cuestión de asunción de conocimientos: de saber que estoy jugando una partida de póker con dinero que no existe, de saber que un banco sólo está obligado a tener una liquidez del 1 por ciento del total del dinero que tenga en «custodia» (coeficiente de caja), que presta, una y otra vez, en una «orgía» de crédito sin fin, de intereses sobre intereses de dinero que no existe, situación de la cual una persona «medianamente» inteligente debería aprovecharse.

ASÍ QUE ya sé que el dinero no existe, sé que el dinero es el producto, porque todos lo persiguen, sé que el dinero no está en el banco, y por todo ello, el dinero «parado», de manera sutil, pierde valor a marchas forzadas (un 15 por ciento mínimo anual, sumando la inflación más el interés que dejo de percibir por no invertirlo), sobre todo el de aquellas personas que no estén dispuestas a revertir está inexorable situación. Si me quedo donde estoy y sigo pensando como todo el mundo, seré un ser fácilmente manipulable y mi dinero no dejará de perder valor con el tiempo. ¿Qué hago yo? Aprender. Asumir. E invertir todo el dinero que no gaste. Y si alguien quiere un préstamo, ¡se lo doy! No pago intereses, los cobro. No quiero dinero, pierde valor. Quiero activos que generen dinero para comprar más activos y así hasta el día del Juicio Final.

Hoy en día ¿soy tan incauto de pensar que mi dinero, el que creo que tengo en el banco, realmente está ahí? ¡Cómo puedo ser tan «empanao»!

¡Que no! Que no está. Que no debería nunca estar ahí. En el

banco tengo lo justo para gastar, y el resto, lo que no se gaste, lo invierto, y si no lo tengo, ¡lo pinto!

¿Y cómo pienso beneficiarme? Teniendo en cuenta que este sistema provoca, amplificado por la incultura financiera general, la «esclavitud» económica de todo aquel que no tiene, o no quiere, asumir el conocimiento sobre cómo funciona el mundo del dinero. Todo ello pone en bandeja las oportunidades para ganar dinero prácticamente sin esfuerzo, pero siempre que se actúe *a contrario sensu*. ¿Cómo? Para empezar, sin perseguir el dinero como si fuese un avaro gilipollas, ya que el dinero cuanto más lo persigues, más se aleja. Y para seguir, aprender a hacer que el dinero «baile», invirtiendo sin parar: comprando activos y vendiendo poco.

¿No te lo crees? Pues sigue leyendo. Porque es obvio que todavía entiendes poco sobre la simplicidad de la inversión, en la que la cuestión fundamental para hacer que el dinero «baile» para mí nunca es «en qué» invierto, sino «quién» y «cuándo» invierte.

Recapitulando. Cuando hace años yo decía la frase (¡prometo no volver a repetirla nunca más!) «El dinero no existe, el dinero es el producto», todos me miraban como si estuviese loco, razón por la cual un día me dije: «De acuerdo. No la diré nunca más. Simplemente me beneficiaré de todos aquellos que no entiendan su significado». Eso puedo hacerlo, ¿no?

ASÍ QUE una vez asumido todo, «me pongo las pilas» y me dispongo a ganar dinero invirtiendo cada euro que llegue a mis manos, venga de donde venga. Y cuando de esas inversiones obtenga ganancias patrimoniales, interés o dividendos, volveré a invertirlo sin parar, una y otra vez, a través del «Bucle», que creo que ya he dicho que veremos en el capítulo 13.

¿Qué es «eso» que llaman dinero?

No nos engañemos. El dinero es la medida de las elecciones que tiene el ser humano, es lo que separa tener de no tener. Quien lo gana y lo mantiene ha desarrollado una habilidad. Quien lo tiene y sabe hacerlo crecer es un mago.

¡Sí! Todos perseguimos el dinero y ganarlo es sencillo. Es una cuestión de decisión. Tengo dos opciones: me muevo o no me muevo. O aprendo cómo funciona el mundo de la gestión del tiempo, la toma de decisiones, el dinero, la inversión y los impuestos, o «quemo» mi tiempo en acciones que me entretengan y diviertan, aun atontando mi mente.

Si quiero, lo tendré. Si no quiero, no lo tendré. Hablo del dinero. Desde luego, hay una cosa clara: si no muevo el culo, no lo conseguiré y por tanto no lo merezco. Y por supuesto, no tendré derecho a quejarme ¡Campana y se acabó!

¡ATIENDE! Cualquiera tiene un smartphone. Yo también. Y con eso tengo la posibilidad, a un solo clic, de transformarme de ser un analfabeto financiero en alguien que sepa de todo lo que hemos estado hablando y tenga la posibilidad de ganar dinero sobre el dinero. Pero claro, si no quiero, si curiosamente, como muchos por ahí, no quiero, ¿qué coño creo merecer? ¡Yo sí quiero!, y el que no quiera, ¡que se pire!

Todos estamos obligados a ganar dinero, y para ello hay que hacer un pequeño esfuerzo y aprender cómo funciona el juego: gastando de manera inteligente e invirtiendo todo el dinero que no se gaste. ¿Para qué? Para que el dinero crezca solo y yo no pierda mi tiempo miserablemente.

¡Sigo!

¿Qué es el dinero? Como he dicho, es la medida de las elecciones que tiene el ser humano: paciente, frugal e inversor. ¿Qué tienen en común estas tres palabras? Que son formas de «ser» que puedo adoptar de manera sencilla y que marcarán mi diferencia entre tener y no tener.

Como dije en mi anterior libro *El método Rezia: transforma tu idea en dinero*, creo, como cree el pueblo judío, y aunque yo no tenga un pacto con Dios, que ser rico en tiempo y dinero, y libre, es la misión de la vida. No hay nobleza en ser pobre. Si se quiere ser libre hay que ser rico en tiempo y dinero. ¡No hay otra!

En todos los años que llevo en el mundo del dinero, me he dado cuenta de algo muy «curioso» que hace la gente que consigue poco: todos quieren, y persiguen, el dinero, hacen de todo para conseguirlo, y cuando no lo consiguen, y llevan dándose de bruces contra la pared toda la vida, se preguntan: ¿por qué no lo consigo? La respuesta es sencilla: porque para ganar dinero, mucho si se quiere, es condición *sine qua non* aprender cómo funciona el juego de la inversión y de los impuestos. Repito la pregunta. ¿Por qué «creo» que no lo consigo? Y la contesto con otra pregunta. ¿Sabes por dónde se sale de un callejón sin salida? ¡Por donde has entrado! ¿Qué quiero decir con esto? Que si llevas toda la vida pensando de una manera, creyendo unas cosas y haciendo otras, y no has conseguido nada, hay que retroceder, «salir del callejón» por donde has entrado, y tomar otro camino, otra forma de pensar, otras creencias, sin hacer caso «ni a Dios», ya que el dinero que gane no depende de nadie, no depende de nada externo a mí. El dinero que gane dependerá de mi capacidad de entendimiento sobre cómo funciona el equilibrio entre el tiempo, las decisiones y el dinero. ¡Así de simple!

No puedo ir por la vida pensando que el dinero es algo que se puede perder (pensamiento bloqueante), y por tanto no debo arriesgar, lo cual supone un craso error. Para mí, ya lo he dicho, el dinero no existe y, aunque para la mayoría sea el producto que todos persiguen como posesos, es un elemento vital de un divertido juego y nunca un fin en sí mismo. Por muy presuntuoso que parezca, no todo el mundo tiene derecho a tener dinero, hay que atraerlo, «seducirlo», porque es muy «escurridizo», y si quiero que se acerque a mí, debo merecerlo. El aire es de todos, el dinero no. El dinero es de quien lo quiere y lo merece. El dinero no vendrá a mí. Yo iré a por él. Trabajar por cuenta ajena es esperar a que venga, es entregar el tiempo esperando a que alguien se digne a darme algo medianamente justo. No está mal. Es una elección más. No muy buena, pero aunque no sea la mía, hay que respetarla. Ahora bien, si se toma esa elección, nadie debería sorprenderse de no poder, y no es no querer, sino no poder, ¡ser ni rico ni libre!

Sigo hablando de dinero. Es increíble, y triste, que hoy en día todavía haya personas con reticencias para hablar abiertamente de dinero. ¿Por qué, si es lo que todos queremos? ¿Por qué en los países católicos, y con poca cultura financiera, está mal visto hablar de dinero? ¡A la mierda! ¡Hablemos de dinero! Mira tú, acabo de excluir de mi vida a otra «tribu urbana»: los puritanos financieros, que son aquellos que se pasan el día pensando en dinero, fantaseando y sin mover un dedo, hipócritas, mediocres, quejicosos y envidiosos que no hacen más que criticar a todos aquellos que intentan lo que ellos no han sido capaces de hacer. ¡Por «cagones»!

El dinero es tiempo, decisión, intención y energía de vida. ¡Hablemos de él! Es saludable.

¡Sigo!

Las cuatro (únicas) maneras que existen de ganar dinero

Lo primero es lo primero.

Las cuatro son: trabajar por cuenta ajena, el mundo del «ladrillo», emprender y las inversiones financieras.

Y éstas las divido en dos grupos: 1) las que hace la mayoría, es decir, trabajar por cuenta ajena y comprar «ladrillos», que son las que más, y más altos, impuestos pagan, y 2) las que hacemos los «raros», o sea, emprender y hacer que el dinero «baile» (esta última es la que menos impuestos paga).

1. La moderna esclavitud (trabajo por cuenta ajena)

¡ATIENDE! Teniendo en cuenta que la mayoría trabaja por cuenta ajena, quiero lanzar un mensaje de esperanza. Aun siendo, sin duda, la peor opción posible en la que se vende el tiempo de vida muy barato, ¡aquí viene «la esperanza»!: ¡es perfectamente posible hacer «bailar» el dinero desde un trabajo por cuenta ajena!

—¿En serio?

—Completamente. Sólo hay que meterse dos ideas en la cabeza.

—¿Y cuáles son esas dos ideas?

—Una: todo el dinero que no gaste, debo invertirlo. Y dos:

debo «mover el culo» para aprender cómo funciona el mundo de la inversión en acciones internacionales y bonos de alto rendimiento. Suena rimbombante, pero no lo es. Hacer que el dinero «baile» para mí es la razón por la que estoy aquí. Es obvio que sería mejor dedicarse en exclusiva a ello, como hago yo desde hace veinte años, pero es perfectamente posible hacerlo desde un puesto de trabajador por cuenta ajena. ASÍ QUE no todo está perdido. Y ahora sí, ¡vamos con la «esclavitud»!

Trabajar por cuenta ajena es una opción a la que es necesario dedicarle mucho tiempo, se gana poco dinero y se pagan muchos impuestos. Para mí no merece la pena, y soy consciente de lo complicado que resulta salir de ese aparente «callejón sin salida». Pero en la vida no hay nada imposible y todo se puede conseguir. Ahora bien, debo ser consciente de que si elijo esta opción, «la moderna esclavitud», ¡estará bien!, pero no tendré ningún derecho a quejarme de estar viviendo una vida en la que nunca haré lo que me dé la gana. ¡Es lo que hay!

Cierro los ojos, lo visualizo y descarto la opción.

Quiero poner un ejemplo muy interesante (ya mencionado hace unos capítulos) para argumentar mi descarte.

Supongo que gano 6.000 euros brutos mensuales (es un buen sueldo) como ejecutivo de una gran empresa, pago un 40 por ciento de impuestos (me quedan 3.600 euros), gasto 1.000 euros para ganar lo que gano (ropa, restaurantes, transporte, objetos inútiles, etcétera) y me quedan 2.600 euros netos al mes. ¿Cuántas horas tengo que trabajar para ganar esos 6.000 euros brutos al mes (2.600 netos) en España? Voy a ser benévolo y no voy a tener en cuenta, para no desmoralizarme demasiado, las horas empleadas en ir y volver al trabajo. ¡Bien! Repito, ¿cuántas horas mensuales trabajaré en España para ganar esa cantidad? Supongamos, y es mucho suponer, que trabajo ocho horas al día, cuarenta a la semana y ciento sesenta al mes. Si divido 2.600 euros netos mensuales entre 160 horas, arroja un resultado aproximado de 16 euros netos por hora. ¡Eso es lo que valdría mi hora! teniendo en cuenta un aparentemente «estupendo» sueldo de 6.000 euros brutos al mes. Imagina el resultado con un sueldo inferior. ¡Pues eso! ¿Has calculado alguna vez cuánto ganas por hora? ¡Hazlo!

Así sabrás realmente cuánto vale tu hora de vida hoy en día. ¡Barata, muy barata!

Ese cálculo que te sugiero que hagas (ratio euro/hora) es el que me llevó hace años a decidir que nunca más vendería mi tiempo por dinero. ¡Sí! Yo también trabajé por cuenta ajena, como bien sabes, cuando era jugador profesional de baloncesto, durante once años (1983-1994), con lo que tuve más que suficiente. Y desde entonces nunca olvido que soy yo quien toma las decisiones, sin responsabilizar, ni culpar nunca a nadie de ellas. ¡Sin quejas ni excusas! Es lo que tiene.

2. El costumbrismo conformista (el «ladrillo»)

Es una de las opciones preferidas por la mayoría, y una inversión directamente influenciada por la tradición, la costumbre y la incultura financiera. Pero, sobre todo, es una inversión mediocre y poco eficiente para ser rico en tiempo y dinero, aunque lo diga el mismísimo Robert Kiyosaki. ¡Vaya filfa de «tío»!, y qué daño ha hecho a las generaciones futuras.

¿Por qué mediocre e ineficiente? Porque requiere dedicar mucho tiempo, tanto antes de la compra como mientras se es propietario, durante el que pago a fondo perdido (tiro directamente a la basura), ya el primer día, un 10 por ciento del valor de la inversión. Pero ¡qué mierda de inversión es ésa!, en la que pago un «peaje/chantaje» sólo por entrar, endeudándome la mayoría de las veces, lo que me hace depender de un tercero (el banco) y hace que la propiedad realmente no sea mía, amén de ser la inversión que más impuestos, y más altos, paga y siempre a «fondo perdido». Todo ello, ¡perdón!, pero ya me he cansado de escribir sobre esta opción, para hacer una inversión segura, ilíquida y con una rentabilidad media-baja.

¡No te preocupes! Falta poco para terminar el «tema». ¿Cuántos y qué impuestos tendría que pagar en el improbable caso de que invirtiese en «ladrillos»? Como ya he dicho, sobre un 10 por ciento el día de la escrituración (impuesto sobre transmisiones patrimoniales, acto jurídico documentado y notario), mientras soy «pseudopropietario» de la inversión (impuesto sobre bienes inmuebles, rendimiento de capital inmobiliario y, quizá, el anacrónico impuesto sobre el patrimonio) y para finalizar, cuando venda, tendré que pagar la plusvalía municipal y, en el IRPF del ejercicio, la ganancia patrimonial generada desde el día de la compra hasta el día de la venta. Y si no he vendido antes de morir, mis herederos tendrán que pagar el impuesto sobre sucesiones. ASÍ QUE todo ello hace del «ladrillo» una inversión ineficiente que descarté por completo hace más de veinte años y no me interesa en absoluto, aunque como ya he reconocido, invertí en el «ladrillo», por mi total incultura financiera, todo el dinero ganado como trabajador por cuenta ajena, hasta que, como bien sabes, cursé un máster de Fiscalidad Internacional en el CEF (Centro de Estudios Financieros) en Madrid, donde tuve el honor de recibir las enseñanzas de Andrés Guillamot (uno de los mejores profesores que he tenido en mi vida), que fue quien me abrió los ojos sobre qué era más interesante financieramente, comprar una vivienda o vivir de alquiler, lo que no sólo me impulsó a vender mis casas, sino que además me dejó marcado de por vida y me encaminó finalmente al mundo del «baile» del dinero: las inversiones financieras.

Resumen sobre el «ladrillo»: como manera de ganar dinero, es engorrosa, paga muchos y altos impuestos, deja mucho rastro, no es nada discreta, te ancla a los lugares, puede provocar la atracción de la residencia fiscal a un lugar no deseado, ata a la tierra restando movilidad, de seguridad media, sin liquidez, de baja rentabilidad y que, además, me pueden embargar con una facilidad pasmosa. Sí, ya sé. Me vas a decir que puedo constituir una sociedad para parapetarme tras ella, pero eso significaría que, para realizar la inversión inmobiliaria tendría que hacer algo (crear una sociedad), a lo que me veo obligado. Y eso, «hacer algo obligado», no sólo no me gusta, sino que tampoco me garantiza nada al cien por cien. Vamos, que es una inversión que no volvería a tocar ni con un palo.

Aunque la crisis del 2008, de la que avisé en los tiempos en que publiqué mi libro *Cambio de vida: cómo me hice rico* (2005), y por lo que me tacharon de loco, echó por tierra la falacia en la que todo el mundo creía entonces y vuelve a creer hoy: «El "ladrillo" es una inversión segura, rentable y que nunca baja de valor».·¡Ya! Porque tú lo digas.

Dicen que el ser humano siempre tropieza dos veces en la misma piedra. O tres. Hoy en día, parece que la masa no ha aprendido nada, vuelvo a escuchar, en los bares y en los medios de comunicación, el sonsonete de la citada frase. ¡A ver! Para que quede claro. Todo activo puede perder valor, y el «ladrillo» también, además de un perfecto ejemplo del dicho popular que reza: «¿Dónde va Vicente? Donde va la gente».

—Y hasta aquí he llegado. ¡Qué alivio! Estoy feliz.

—¿Por qué? —me preguntas.

—Por terminar de hablar del «ladrillo».

3. «La heroicidad actual» (emprender)

Es transformar una idea en dinero, una manera gratificante de ganarlo, dedicándole mucho tiempo, con un enorme potencial de beneficio y grandes posibilidades de minimizar el pago de impuestos. Bajo mi punto de vista, emprender es una manera de ganar dinero con una seguridad media (el riesgo depende del «quién» y no del «qué»), y de rentabilidad y liquidez media-alta.

NOTA: no me extiendo aquí. Si estás interesado en conocer mi manera de emprender, puedes enterarte leyendo mi anterior libro: *El método REZIA: transforma tu idea en dinero* (Deusto, 2024).

4. Hacer que el dinero «baile» para mí (inversiones financieras)

Tras trabajar por cuenta ajena (1983-1994), mis escarceos con el «ladrillo» (1988-2000) y el emprendimiento (1989-2024), le tocó el turno a las finanzas (1986-hasta hoy).

Sí, comencé con 20 años, nunca he dejado de hacerlo, y hoy es «mi» manera de ganar dinero.

Desde que leí el grandioso libro de André Kostolany, *El fabuloso mundo del dinero y de la Bolsa*, me dije: «Así es como quiero vivir yo y éste es exactamente el tipo de rico que yo quiero ser. Durante nueve años (2014-2023), por decisión propia estuve retirado y alejado de las cuatro maneras de ganar dinero, pero ahora, con motivo de escribir el presente libro, yo, «el alumno de Kostolany», he despertado del letargo para dar lo mejor de mí mismo y explicar, por última vez, mi filosofía de vida.

¡ATIENDE! Antes de llegar al capítulo 13 («El dinero "baila" para mí»), quiero adelantar que el interés compuesto *per se* no existe. Nadie, y nadie es nadie, me dará un producto financiero de interés compuesto. No existe. Soy yo quien tengo que «fabricar» el mío para que, aprovechándome de ese interés, haga que mi dinero crezca sin parar. Más adelante veré cómo hacerlo.

¡Moviendo el culo!

1. Tengo la obligación, y también la necesidad, de ganar dinero.
2. Elijo una de las cuatro maneras y me dedico a ella.
3. Aprendo sobre el dinero, la inversión y los impuestos.
4. Invierto, comprando sin parar, todo lo que no gaste.
5. Paso a paso. Sin prisa y sin pausa.

10

Ingresos, gastos, impuestos, tiempo

«Si tienes dinero para comprar algo, ¿para qué quieres comprarlo?», me decía El Marqués (uno de mis mentores gallegos), un día sí y otro también.

¿Qué debo asumir hoy aquí?

1. ¿Cómo ordena la mayoría las cuatro palabras?
2. ¿Cómo es el orden correcto para ser rico en tiempo y dinero?

Sólo dos ideas, dos *spoilers*:

1. Si hago lo que hace todo el mundo, obtendré ¡una mierda!
2. Si no coloco las cuatro palabras en orden, obtendré ¡otra mierda!

Y como no quiero «tanta» mierda en mi vida, haré lo contrario que la mayoría y ordenaré las palabras correctamente.

Y echando más leña a la barricada, si le preguntase a alguien por la calle «¿En qué orden las pondría usted?», seguramente sería algo así como:

—Me llamo Humberto y trabajo por cuenta ajena, ingreso lo

que me toca (poco), gasto lo que «puedo» (casi siempre más de lo aconsejable), en junio presento la declaración de la renta, y doy saltos de alegría si me «sale» a devolver (estupidez supina: si me devuelven es porque me lo han quitado antes).

—¿Y respecto al tiempo?

—Tengo la extraña sensación de que con tanto trabajo, tantos fines de semana de compras y la presentación de impuestos, el tiempo se me escapa entre los dedos de las manos.

Hoy la mayoría trabaja toda la semana para gastar el fin de semana. ¿Y el lunes? Vuelta a empezar. ¿Cómo te has quedado?, ¿qué te parece? A mí me parece un truño horripilante y una vida esclava, pero también una situación de la que se puede salir con un poco de intención y energía.

Del otro lado, un rico en tiempo y dinero, o alguien en camino de serlo, las ordenaría así: gastos, tiempo, ingresos e impuestos. Y su frase sería algo parecido a lo siguiente: «Pienso y decido los gastos que quiero "perpetrar" (mensual y anualmente), desde hoy y hasta los 100 años, aquellos que me permitan llevar el ritmo de vida que quiero y, a partir de ahí, elijo cuál es la manera de ganar dinero más eficiente para, usando el menor tiempo posible, llegar a ingresar la cantidad que, con el menor pago de impuestos que la elusión fiscal, me permita asumir el nivel de gastos previamente fijado. O sea, como en la naturaleza, usar el menor tiempo y energía necesarios para conseguir el objetivo.

Es obvio que el orden mental de cómo organizar las cuatro palabras, y su ejecución, supondrán una diferencia abismal entre la mentalidad de un rico y libre, o alguien que no lo será nunca, por lo menos hasta que no cambie. Ya que si sólo pienso en qué puedo hacer con el dinero «que tengo» o gano, yo mismo me estoy autolimitando y estoy introduciendo, sin darme cuenta, la más absoluta mentalidad de pobreza, sin duda el billete más seguro hacia la ruina.

¡ATIENDE! Hace años que cuando voy a «meterme» en alguna inversión, me hago la siguiente pregunta: «¿Quiero ganar dinero o tener razón?». Quien haya contestado «tener razón», que tire el libro y dedique su tiempo a alguna fruslería. ¿Por qué?

Porque para ser libre hay que ser rico. Y para ser rico hay que ganar dinero. Y para ganar dinero hay que olvidarse de querer tener razón. ¡Es simple!

Y otra «cosita». Si no he conseguido ser rico hasta hoy, quiere decir que ni tengo dinero ni tengo razón. Es más que obvio.

ASÍ QUE debo asumir lo antes posible que para ganar dinero no sólo es positivo no querer tener razón, sino que además no es estrictamente necesario, como iremos viendo a partir de ahora.

¡Sigo!

Volvamos a la forma de pensar «del tipo»: ¿qué puedo hacer con el dinero que tengo? Obviamente, es una manera de pensar pobre, incorrecta e ineficiente con la que no llegaré «ni de aquí a la esquina», ya que yo mismo estoy limitando mi objetivo a «lo que tengo», en vez de pensar en «lo que quiero» o «en lo que soy capaz de». Si me limito a lo que tengo, el potencial objetivo de conseguir lo que quiero es limitado. Sin embargo, si pienso en lo que quiero, el objetivo puede ser (casi) infinito. De ahí que sea tan importante mantener el equilibrio entre el dinero que gano y el valioso tiempo de vida que uso para ello. ¡A mí no me vale cualquier cosa! Por ejemplo, hay un número de horas para ganar dinero, cada cual tendrá el suyo, que no debe traspasarse nunca, ¡sea el que sea! En mi caso, ten en cuenta que ya tengo unos años y una experiencia, así que no trabajo más de dos horas al día, ¡ni de coña! Lo excitante de esto es que cada uno puede hacer de su capa un sayo.

Para averiguar estos parámetros suelo hacerme dos preguntas que me sirven de gran ayuda, que hay que contestar sinceramente y definir con precisión (no sirve decir «quiero ser rico», «ser feliz» u otras abstracciones imprecisas de ese mismo corte). Las preguntas son: 1) ¿qué necesito y/o quiero? (supongamos que quiero un coche cuyo precio es de 100.000 euros), y 2) ¿qué esfuerzo tengo que hacer y cuántos talones de mi chequera del tiempo tengo que emplear para conseguirlo? Para contestar, recuerdo el ejemplo del sujeto que ganaba 6.000 euros brutos y 16 euros netos por hora. ¿Lo recuerdas? ¡Bien! Ahora toca dividir: 100.000 euros entre 16. ¿Cuántas horas de su vida está entregando ese «payo Ranger» para comprarse el coche? Son 6.250. Y eso suponiendo que no lo financie. ¿Crees que alguien inteligente haría eso? ¡Ahí lo dejo!

¡Sigo!

¿Sabes quiénes son algunos de los «tipos» que más saben de dinero? Los judíos. ¿Sabes lo que hacen ellos, y los ricos, y los que quieren serlo? Venden todo lo que no da dinero a corto plazo para invertirlo y que dé dinero a medio y largo plazo. No se vende un activo que da dinero (acciones, casa, negocio, etcétera) para comprar algo que no da nada (un coche). Ni los ricos ni los judíos «queman» el dinero de hoy para comprar algo que no sólo no da dinero en la actualidad ni tampoco en el futuro, sino que además supone un gasto.

Hay que vender hoy todo lo que no dé dinero para invertirlo y que produzca de cara al futuro. O sea, que siempre que tenga que entregar una cantidad desmesurada de mi tiempo de vida a cambio de un coche ¡me lo pensaré cien veces!

En mi caso, si las dos respuestas a las preguntas no están en equilibrio, no lo hago y punto. ¡Así de simple!

Mi gasto

1. Antes de comprar algo, siempre me preguntaré si lo necesito o no. Si la respuesta es negativa, no lo compro. En mi vida sólo quiero objetos útiles, necesarios y de calidad.

2. ¿Qué hacemos los ricos? Aunque me repita: «Si corre, vuela, navega o es una casa, mejor alquilar que comprar». ¿Por qué? Porque no desperdicio dinero, tiempo ni energía.

3. Nunca despilfarro ni ostento, e ingreso todo lo que puedo, usando el menor tiempo posible y minimizando el pago de impuestos.

4. Nunca compro para dejar claro mi estatus. Es una gilipollez, y quien así actúa, no es un rico. Es un medio «atontao» que está más cerca de la ruina de lo que imagina.

5. Aquellos que por mucho que ingresen se les cae el «chiringuito» si dejan de trabajar mañana, no son ricos, son esclavos con algo de dinero.

Mi tiempo

No uso mi tiempo en personas, ambientes o experiencias que no se alineen con mis objetivos. En este punto soy exigente y muy disciplinado, ya que el tiempo es el activo más importante de que dispongo, por encima del dinero, que siempre crece, mientras que el tiempo no deja de menguar.

ASÍ QUE soy muy «rata» con el talonario del tiempo que se me dio cuando nací y desprendido con el dinero. Es un pecado malgastar el tiempo y sé, y tú desde hace tiempo también, que para ser rico y libre hay que mantener un perfecto equilibrio entre el tiempo y el dinero.

¿Ganar 100.000 euros al mes usando doce horas de mi vida, pagar una cantidad indecente de impuestos, aguantar a bancos, socios y clientes, y saber que mi emporio depende de que continúe dedicando mi tiempo porque si me paro el negocio se derrumba y tendré serios problemas? No, gracias. ¿Usar el dinero para que el prójimo vea «lo lejos que meo»? Tampoco, gracias.

No me interesa en absoluto lo que la gente piense de mí. Sólo me interesa la opinión que de mí tengan las personas que forman parte de mi «círculo pretoriano» de amistad.

Mis ingresos

El dinero no se gana ni rápido ni fácil, sólo se gana así cuando se llega a una determinada cantidad. Por ejemplo, en el caso que uso para este libro, si el Gran Capital establecido es de un millón de euros, podría decir que una vez llegue a 300.000, el crecimiento se aceleraría, y ahí sí que podría hablar de «más rápido y fácil». ¿Antes? Lo dudo mucho.

Una vez que queda claro el orden de las cuatro palabras del

título de este capítulo, quiero lanzar una pregunta: «¿Qué significa una manera "eficiente" de ganar dinero?». Aquella que tenga un buen equilibrio entre rentabilidad, liquidez y riesgo (triángulo de inversión), y entre tiempo y dinero, porque el dinero es tiempo, el dinero es energía, y por ello si de verdad quiero ser rico, sería interesante no realizar gastos innecesarios, no asumir deudas estúpidas, minimizar el pago de impuestos excesivos, muchas veces injustos, que erosionan mi capital y, por tanto, mi vida.

Si entrego mucho tiempo por poco dinero, algo estoy haciendo mal y soy un estúpido. Si entrego mucho tiempo por mucho dinero, sigo haciendo algo mal y sólo soy medio estúpido. Si entrego poco tiempo (lo justo) por la cantidad que necesito, la que quiero y he establecido, soy un tipo libre e inteligente de la «hostia». ¿Queda claro? ¡Pues eso!

Los impuestos

Cantidad excesiva que detrae un Estado por las ganancias producidas por un individuo talentoso, imponiendo unas normas de las que hay que sacar provecho. Y como decía mi madre: «Contra el vicio de pedir, la virtud de no dar». Cada cual paga los impuestos que quiere, como veremos en el capítulo 11 («Pagar los impuestos que quiero»). Y yo, como no quiero ser «especialito», intentaré hacer lo mismo.

¡Moviendo el culo!

1. Decido cuántos gastos quiero «perpetrar» (anualmente) y multiplico la cantidad por diez para obtener un Gran Capital «razonable».
2. Sé a qué y a quién nunca entregaré mi tiempo.
3. Sigo enfocado en la manera que he elegido para ganar dinero.
4. Pagaré, legalmente, los impuestos que quiera.

11

Pagar los impuestos que quiero

Tengo opciones, nunca obligaciones. Si quiero, doy. Si
me exigen, no doy.

Spoiler: voy a explicar las opciones más interesantes que conozco para minimizar el pago de impuestos, incluso llegando hasta
cero. Me dispongo, de igual manera, a explicar cuál es la estructura fiscal perfecta: ¡la elegida por mí!

¡Vale! Seguramente no sea perfecta, pero como la he elegido yo, ¡es la perfecta y punto! ¿Parezco presumido y/o presuntuoso? ¡Es lo que hay! Si no me animo yo, ¿quién lo va a hacer?

¿Qué debo asumir hoy aquí?

Que guste o no...

1. Cada individuo paga los impuestos que quiere: si vivo en
   el país (A), pago los impuestos que toque en el país (A).
   Si no me siento cómodo, me piro al país (B) y pago (casi)
   cero. Y si decido no pirarme a (B), vivo en (A) y no me
   quejo.

2. Para (casi) cada una de las maneras de ganar dinero existe una solución eficiente para minimizar el pago de impuestos.

3. Tengo claro que quiero ser rico, sé dónde quiero vivir, sé dónde me «conviene» vivir y voy a aprender a crear una estructura fiscal sólida y eficiente.

4. Existe «otra» opción para llegar al objetivo, es verdad. ¡Pero es una porquería!, aunque es una opción a fin de cuentas. ¿Cuál es esa opción? Quedarme a vivir en (A) pagando en impuestos la mitad de lo que gane, y teniendo que vivir, ¡por cojones!, donde me «toque» y donde me tratarán peor que a los forasteros. A ver, donde me toque no, ¡donde yo he elegido!

Aquí está la base, la esencia de todo el Plan: en mi capacidad de decisión, no en la de los demás, en la mía. Y por ello debo grabarme en la mente, a sangre y fuego, las siguientes tres ideas: 1) yo soy siempre el que decide, 2) de lo que yo decida hacer con mi tiempo dependerá que sea rico y libre, y 3) si no hago nada, nada obtendré y no tendré derecho a quejarme ni a criticar a nadie. ¿Queda claro? ¡Pues eso!

ASÍ QUE si al terminar el libro decidiese crear una estructura fiscal (casi seguro) con el objetivo de minimizar el pago de impuestos, tendré que entrenarme cada día para SER el «actor» propietario de la citada estructura, comportándome (no sirve que «parezca que») como un residente fiscal en el país (A), que tiene una sociedad en otro (B) y vive, quizá, en un tercero (C). ¡Que quede claro!

¡Sigo!

¿Dónde y cuándo aprendí todo esto? Pues el día que me dieron la primera «hostia» fiscal, y con la mano abierta, por cierto. En aquel momento, por una cuestión de supervivencia básica, decidí aprender todas las maneras de eludir, que no evadir, impuestos: porque evadir es «pecado» y delito, pero eludir es una virtud, la obligación de todo buen samaritano, y es legal.

Aprendo de los impuestos todos los días

Dicen que hay dos cosas inevitables en la vida: la muerte y los impuestos, sobre lo que, obviamente, discrepo.

Mucha gente cree que aprender sobre impuestos «apesta», y estoy de acuerdo: no le ven sentido a aprender «de ese tema», argumentando, erróneamente que ¿para qué van a preocuparse por ello cuando «todavía» no son capaces de generar ingresos elevados? Pues muy sencillo, y voy a explicarlo como para que lo entienda un niño de 7 años, empezando por recordar lo que vengo diciendo desde hace un rato ya: «Debo comportarme siempre "como si" ya hubiese conseguido el objetivo». Mi mente no entiende de verdad o de mentira, de realidad o de ficción, simplemente ejecuta cualquier orden que yo le dé. Así que puestos a pedir, y como hemos visto ya en el capítulo 7 («Me muevo siempre como un rico»), le doy la orden de comportarse desde ya como si fuese rico. Entender este concepto puede marcar la diferencia entre la mediocridad y la excelencia. Además, cuando se empieza algo, crear una empresa o dedicarse a hacer que el dinero «baile» para mí, se hace con la idea de ganar dinero, mucho incluso, no de perderlo. Por tanto, hay que pensar desde hoy, para tenerlo preparado para cuando llegue el momento, en qué y en cómo voy a hacer para minimizar el pago de impuestos cuando el momento de ser rico llegue, sin olvidar nunca que «la victoria ama la planificación».

Te propongo un pequeño ejercicio que he hecho miles de veces para ponerme en situación:

1. Estoy en un mes de diciembre cualquiera haciendo las cuentas del ejercicio que está a punto de terminar, y compruebo que ha sido un buen año (300.000 euros de beneficio). Entonces me doy cuenta de que ya no me dará tiempo a minimizar los impuestos para este ejercicio, sobre el que tendré que tributar en junio del año que viene, siempre que decida realizar la plusvalía latente, cosa que sin duda haré, al 28 por ciento (84.000 euros), ya que son ganancias de capital.

¿Estoy triste? No. ¿Un poco encabronado, tal vez? Sí. Pero feliz, inmensamente feliz. ¿Por qué? Porque he decidido, yo y mi «propio mecanismo», que éste será el último año que pague esos impuestos tan altos. Porque hoy, tras hacer las cuentas anuales, he decidido que este sábado, y hoy estamos a martes, comenzaré a diseñar la estructura fiscal para el próximo ejercicio y los siguientes con el claro objetivo de pagar los menos impuestos que la elusión me permita. ¡A poder ser cero!

2. ¡Manos a la obra! Un sábado cualquiera, gracias a todo lo que he aprendido, me despertaré, me daré una ducha bien fría, prepararé un café, pondré mi música favorita y cogeré un lápiz y un papel.

3. Comenzaré a garabatear esquemas sobre las diferentes opciones, las más eficientes y que se adapten a mi *modus vivendi*, con la intención de dar solución a mi caso: soy un individuo residenciado fiscalmente en un país en el que se tributa por «residencia», por ejemplo España y casi todos los países europeos, que genera al año 300.000 euros entre ganancias patrimoniales (acciones y futuros) y rendimientos de capital mobiliario (intereses y dividendos), que estaría obligado, de seguir así, a tributar a un máximo del 28 por ciento sobre el «beneficio» que realmente genere, situación que es muy probable que se repita en los años venideros, ya que mi Gran Capital, que hace tiempo conseguí, irá aumentando, y con él, los beneficios que consiga año tras año.

ASÍ QUE la solución que estoy buscando con mis garabatos deberá servirme para el medio y el largo plazo, para varios años.

¿Puedo, gracias a lo aprendido aquí, hacer algo para pagar menos impuestos? ¡Sí, claro que puedo!

4. De las opciones que hemos ido barajando, ya vislumbro un par de ellas que me pudieren servir: las dibujo en mi papel, las reviso, repaso, estudio, me informo y...

5. Me pregunto: «¿Cuál se adapta mejor a mí?». Me contesto, elijo, decido y me vuelvo a preguntar: «¿Tengo la firme intención de poner en marcha «La Elegida» con el objetivo de solucionar el problema que mi talento (ganar dinero invirtiendo) me ha generado?». ¿Sí o no? Es sencillo y no deja de ser una decisión más del tipo ¿carne o pescado?

6. Tengo dos opciones: ¿me quedo donde estoy pagando el 28 por ciento o ¡muevo el culo! y elijo una opción en la que pague cero y me permita vivir donde y como quiera? ¡Tranquilo! No hay mala elección. Y nunca debo olvidar que la mía, la que yo elija, la que se alinee con mi esencia, ¡siempre será la buena! Si convenzo a mi mente de este punto, y confío en el desapego al resultado, eliminaré definitivamente de mi vida el miedo a decidir. Y desde ese momento, me pirrará hacerlo, y cuantas más veces, mejor.

Y la vida, pequeño saltamontes, ya sabemos que no es más que tiempo, decisiones y dinero.

¡Sigo!

Antes de intentar hacer el ejercicio «del sábado», debo tener claras tres cuestiones: 1) para poder hacerlo, debo ganar dinero (sin dinero no hay nada que hacer), 2) la estructura será para medio/largo plazo, y 3) debo estar «capacitado» para decidir sin que nada ni nadie me limite.

Si no se cumple alguno de estos tres puntos, es mejor que me olvide por el momento hasta que sea capaz de conseguir que se cumplan. ¿Queda claro?

Sé que muchos pensarán que esto no va con ellos, porque se sienten a años luz de tener que lidiar con una situación así. ¡Vamos a ver, voy a «ponerme las pilas» de una vez! ¿No es verdad que desde el capítulo 4 («¿Estoy dispuesto a serlo?») he tomado la firme decisión de ser rico en tiempo y dinero? ¿No es verdad que desde el capítulo 7 («Me muevo siempre como un rico») me he comprometido como tal? ¿Son ciertas ambas cuestiones o no? Entonces, llegado ese momento, no puedo echarme atrás. ¿Qué somos, putas o infantes de marina? ¡Pues eso!

ASÍ QUE el próximo sábado seré capaz de hacer el ejercicio, aunque sólo sea eso, y guardaré el borrador de lo que haga en un cajón para cuando llegue el momento. No cuesta nada y es una actividad «de puta madre» para aprender conceptos de inigualable valor, conocerme a mí mismo y ver cómo me siento al darme cuenta de la aventura en la que me fliparía embarcarme, pero aún no puedo. Estoy seguro de que si hago el ejercicio en la más absoluta intimidad, me sorprenderé de todo lo que sentiré, seguramente también en el estómago. El sábado sin falta ¡lo voy a hacer!

¡ATIENDE! Aquí te dejo otra «ayudita», o truco, que uso desde hace unos cuantos años: siempre que me marco un reto, ya sea una inversión, un proyecto, dejar de fumar, adelgazar veinte kilos o intentar hablar con un personaje interesante y *a priori* inalcanzable, me digo lo siguiente: «Hay una cosa clara: ¡el objetivo lo consigo seguro, sí o sí! Lo único que no sé ahora mismo es "cuándo"». Garantizo que es infalible.

¡Sigo!

Además, al aprender sobre el funcionamiento de los impuestos, descubriré un conocimiento diferente al simple hecho de minimizar el pago. Por ejemplo, aprender a desaparecer de «la línea de tiro», salvaguardar mis activos de miradas indiscretas, distinguir a quien pretenda engañarme, descubrir qué hacen los mejores...

Ser rico en tiempo y dinero es una ciencia y un juego. Y para jugar a algo, lo primero es conocer bien las reglas. ASÍ QUE, teniendo en cuenta a qué juego he decidido jugar, no me queda otra que aprender todo lo relativo al mundo del dinero: cómo controlar los gastos estúpidos y endeudarse lo menos posible, cómo pagar menos impuestos, qué inversiones no hacer nunca y cuáles sí, cómo gestionar correctamente mi tiempo para no entregarlo a quien no lo merece y, lo más importante, cómo ser eficiente manteniendo el equilibrio entre tiempo y dinero, cuestión sobre la que el 97 por ciento de la población, siendo benévolo, no siente (casi) ningún interés ni intención, razón por la cual no pueden ni siquiera rozar eso de «o rico o nada».

¡ATIENDE! Aprender a gestionar mi tiempo y mi dinero es una de las decisiones más importantes de mi vida, que bajo ningún concepto dejaré en manos de ningún «indocumentado» de un banco y/o entidad financiera, ni de nadie.

¿Y cuándo es el momento de hacer algo? Mejor ayer que hoy. No espero a que llegue el momento perfecto, ya que eso no existe. El momento adecuado siempre es ahora. ASÍ QUE aprendo las normas, las asumo, me adapto y juego, sin olvidar nunca, como he dicho al principio, que ¡según lo que hagas, pagas!

¿Cómo pagar (legalmente) cero impuestos?

¿Respuesta larga o respuesta corta? Voy a por la corta y dejo la larga para más adelante. Lo primero que debo conocer para diseñar una estructura fiscal eficiente es el tipo de ingresos que obtengo y de qué países provienen. En mi caso, son ganancias de capital (compra y venta de acciones y bonos de alto rendimiento con pago al final del período) y rendimientos de capital mobiliario (intereses y dividendos), ingresos con los que resulta muy sencillo crear una estructura que pague cero impuestos. Ahora, la pregunta obvia es: «¿cómo?».

Existen dos maneras, que he denominado así: «Solo» o «Acompañado».

1. «Solo»

Supongamos que soy la persona física que ingresa, estoy residenciado fiscalmente en un país donde se tributa por «territorialidad» (no pagaría ningún impuesto sobre los beneficios provenientes de fuera del país) o bien por «residencia» (pagaría por todas mis rentas mundiales) y admito un tipo máximo del 5 por ciento, en ese caso, y siendo perfecto conocedor de todas las opciones que existen, me decanto por la simplicidad de un país con sistema de tributación «territorial».

2. «Acompañado»

Haría lo mismo que en el punto anterior y además crearía una sociedad, igualmente «territorial», y cien por cien de mi propiedad, que sería la que ingresase todo. Esta opción es claramente interesante por dos motivos: sirve como parapeto, que hará más complicado, incluso imposible, el acceso a mis activos por parte de visitantes indeseables e inesperados, y también por una característica interesante y especial, que hará que ni la sociedad ni yo tengamos que pagar impuestos durante todo el tiempo que el diseño fiscal se mantenga activo. Por eso es mi estructura favorita, «La Elegida».

Pero paciencia. La «publicidad» está cerca.

¡ATIENDE! Hay «alguna que otra estructura», por ejemplo la mía, que podría no pagar impuestos durante veinte años (plazo elegido por mí, que perfectamente podría haber sido otro) y que presenta las siguientes características y/o curiosidades:

1. La sociedad será la que ingrese todo sin tener que pagar nada por ello (tributación territorial).
2. La sociedad podría, pero no es obligatorio, pagarme dividendos y/o un sueldo cuando yo lo decida.
3. Una vez que hayan transcurrido los veinte años y decida deshacer la estructura, el resultado habrá sido el siguiente: la sociedad no habrá pagado impuesto alguno, yo posiblemente una cantidad irrisoria, y en el momento de la venta (¡cómo me pone esto!) yo no pagaré nada como accionista: ¡cero patatero!

¿A que mola?

Más adelante, cómo no, explicaré la estructura con pelos y señales.

¡Sigo!

Una vez que sé cómo gano el dinero, qué países son interesantes para residenciarme fiscalmente (capítulo 8: «¿Dónde me "conviene" vivir?»), y que quizá necesite o quiera crear una sociedad, ha llegado el momento de saber dónde crearla y cómo combinar los dos puntos.

Es decir, hay que decidir dónde crear la sociedad, dónde residenciarme fiscalmente (rara vez coinciden) y dónde quiero vivir. ¿Qué puede ocurrir? En la vida puede pasar de todo, pero podría ocurrir que elija tres lugares diferentes, o dos, o si tengo «la hostia» de suerte ¡uno solo!

¿Cómo? ¿Perdón? ¿Existe la posibilidad de que un solo país reúna las condiciones para ser «elegido»?

Por existir, existe. Otra cosa diferente es que a mí me sirva. Pero no nos adelantemos, que, aunque existen múltiples opciones, y cada persona tiene sus «perversiones», hoy he prometido «mojarme», y lo haré.

¡Sigo avanzando!

¿Qué opciones tengo para crear mi sociedad?

Quiero aclarar que es muy interesante crearla, pero no es obligatorio, ya que es perfectamente posible conseguir (casi) el mismo resultado usando la opción «Solo», es decir, ingresando todo como persona física residenciada fiscalmente en un país «territorial».

¡Sigo!

Existen muchos tipos de sociedades, pero necesitamos una que se pueda constituir en un país que aplique la tributación territorial para las sociedades, o algo parecido, que no sea un paraíso fiscal, que sea un lugar donde haya seguridad jurídica y física, que sea «aparentemente» respetable (nunca es posible estar seguro de ello) y que resulte barato, tanto la constitución como el mantenimiento anual.

Países que cumplen, más o menos, estos requisitos: Reino Unido, Panamá, Emiratos Árabes Unidos, Estados Unidos, Georgia, Hong Kong, Singapur, Chipre o Malta. ¿Cuál será? ¡Mantengamos el suspense!

¡ATIENDE! Ahora que ya conozco las diferentes posibilidades, tanto de residencias fiscales como de creación de sociedades eficientes, estoy mucho más cerca de poder definir mi «elegida», pero considero importante explicar la diferencia entre una estructura fiscal «a secas» (1) y una estructura fiscal «global» (2). La primera incluye la obtención de la residencia fiscal en un país (A), la creación de una sociedad en otro (B), que a veces puede ser también en el país (A), la correcta combinación de ambas, y la apertura de cuentas (bancarias y de bróker) en A y/o B.

Y la segunda incluiría: (casi) todo lo de la primera, más la puesta en marcha del «Bucle» (sistema de inversión para conseguir que el dinero «baile» para mí y crezca sin parar), la apertura de cuentas en A, B, C, D y E (tanto de la persona física como de la sociedad), diseño del «camino» y del flujo que recorrerá el dinero desde que entra en la sociedad hasta que llega a mis manos, para gastarlo o invertirlo como persona física, que también se puede. Recordemos que la persona física tampoco tendría que pagar impuestos sobre las ganancias de capital si está residenciado fiscalmente en un país «territorial». En ese caso, y en ese momento, la persona física tendría tanto inversiones personales como societarias. Por supuesto, y como he dicho ya, la sociedad abriría varias cuentas corrientes y otras de bróker en varios países (lo veré en el capítulo 12: «La "isla de mi tesoro"»).

¡Moviendo el culo!

1. Sé de qué conceptos provienen mis ingresos.
2. Sé dónde quiero vivir «realmente».
3. Sé dónde me «conviene» residenciarme fiscalmente.
4. Sé dónde voy a crear la sociedad.
5. Y sé muy bien cómo combinar todos los puntos anteriores.

12

La «isla de mi tesoro»

El corazón late en mi boca cuando salgo al frío de la noche y emprendo la peligrosa aventura. ¡Eso es la vida!

La isla del tesoro,
ROBERT LOUIS STEVENSON

Una vez que he decidido dónde quiero vivir, dónde me «conviene» vivir y dónde crear la sociedad con la que facturar mis ingresos y pagar mis gastos, vislumbro ya mi estructura fiscal, y ahora es el momento de aprender dónde, y para qué, abrir mis cuentas, corrientes y de bróker, personales y societarias, que conformarán «mi isla del tesoro». Es decir, los lugares donde guardaré, y salvaguardaré, mi dinero y mis activos para que nadie, salvo quien yo decida, los conozca ni tenga acceso a ellos nunca.

¿Qué debo asumir hoy aquí?

1. Debo aprender a proteger mi dinero y, sobre todo, mis activos.
2. Interponer una sociedad entre mi persona y mi dinero

para que ningún curioso atontado sepa dónde tengo ni uno solo de mis euros. Que por otra parte, a nadie le debería interesar un carajo, pero ¡por si acaso!

3. Abrir varias cuentas bancarias y de bróker.

4. Tener claro que también lo hago para no tener la tentación de ser un ostentoso gilipollas, y dirigirme paso a paso hacia una inteligente discreción.

5. La discreción requiere de un pequeño esfuerzo al principio, que acaba siendo un excitante y adictivo hábito. Además, aquel que necesita mostrar lo que tiene resulta un ser patético propietario de un encefalograma plano al que no quiero parecerme. Quiero ser un rico de los que me gustan, quienes, salvo penosas excepciones, ni ostentan, ni compran casas, ni yates, ni coches, ni aviones, ni tienen una estúpida colección de treinta Rolex (casi) todos iguales. No compran, ¡alquilan! Sólo compran activos que produzcan, nunca activos que cuesten. Ahí lo dejo. Yo voy a lo mío, y el resto, mientras no me afecte, que haga lo que quiera, ¡que es lo que debe hacer!

Y así, como quien no quiere la cosa, me viene a la mente un refrán que me decía mi madre, que quiero compartir y que no tengo muy claro que yo haya seguido, pero que sin duda me hubiera venido bien observar: «Hijo, si no tienes, di que tienes para que te fíen. Y si tienes, di que no tienes para que no te pidan». Corolario: ¡discreción, siempre, en todo y con todos!

¡Sigo!

Si se quiere ser un rico en tiempo y dinero ¡de verdad!, no de pacotilla, una manera sencilla de comenzar es dejar de ser un inculto financiero que tiene todos sus activos, por pequeños que sean, en su país de nacimiento, y abrir cuentas corrientes y de bróker allende los mares. ¿Para qué? Para gastar, invertir, diversificar, protegerse de un «corralito» o de lo que sea, o de quien sea... ¿Queda claro? ¡Pues eso!

¡ATIENDE! No es inteligente tener la mayoría de los activos donde se vive, ni donde se esté residenciado fiscalmente siquiera. ¡Taxativo! Hay que tenerlo lejos de «cualquiera» que pueda tener la tentación u oportunidad, por la razón que sea, de acceder a la «pasta». Ergo: los activos y el dinero siempre lejos de donde uno viva. ¿Queda claro?

Hacer lo contrario, que es lo que hace la mayoría por falta de conocimiento, es una torpe decisión. Y hablando de decisiones, y a fuerza de ser repetitivo, que es la manera más efectiva de aprender que conoce el ser humano, te recuerdo que: «La vida es tiempo, decisiones y dinero... ASÍ QUE nada de decisiones torpes ni con el tiempo ni con el dinero».

Spoiler sobre las cuentas

Ha llegado el momento de abrir las cuentas bancarias y de bróker asumiendo la importancia que tiene este hecho a la hora de diseñar la «isla de mi tesoro» (lugar ficticio donde pondremos a salvo nuestro dinero y nuestros activos). Soy consciente de que estás ahora mismo como Sherlock Holmes intentando descifrar cuál acabará siendo finalmente «La Elegida». ¿Me equivoco? También sé que estarás debatiéndote entre seguir mi consejo (contenerte y esperar a que llegue el momento de conocerla), o dejarte llevar por tu impulso irrefrenable, si no lo has hecho ya, e intentar buscar en qué lugar del libro se encuentra explicada. Sinceramente, espero que no me defraudes y puedas contenerte. Pero, obviamente, puedes, y debes, hacer lo que te dé la gana. Ahora bien. Si haces esto último, quizá, y sólo quizá, no asumas, entiendas y aprendas lo que he diseñado y cuál ha sido mi proceso mental para hacerlo. ¡Bueno! No me «enrollo» más. ¡Haz lo que quieras!

Pero como no quiero que nadie se «suicide» antes de tiempo, te doy alguna pista:

1. Mi residencia fiscal estará en el mismo país (lo bautizo ahora mismo como «TOK») donde constituya mi sociedad («TOK LLC»), que además podría servirme para vivir largas temporadas, e incluso podría ser el país «para todo».

—¡Qué dices! ¿Estás loco? —escucho por ahí.

—¡Sí! Repito, por si hay algún «sordo» en la sala, constituiré mi sociedad en el mismo país en el que me residencie fiscalmente, y sé que puede resultar sorprendente, pero... Siempre hay un «pero», aunque la verdad es que en este caso sería más preciso decir que hay un «y». ¿No lo entiendes? Ya lo entenderás.

—¡Joder! Este tío está loco de atar —te repites en voz alta.

—Para nada. Tiempo al tiempo. Más adelante explicaré con pelos y señales el «alucinante» beneficio que se puede conseguir con la estructura de la que hablo. Ah, y no es por presumir, pero no conozco a nadie que la haya hecho, ni que me haya hablado de ella, lo cual supone una cierta originalidad con «denominación de origen», y eso me pone cachondo, pero... *¡pa qué no vamo a engañá!*... Desde el momento en el que se lea en qué consiste «La Elegida», la citada originalidad y el secreto se desvanecerán, dando paso al estudio, la asunción y a «mover el culo».

2. Tendré poco dinero dentro de TOK, sólo el mínimo imprescindible. Es más, diría que el único lugar donde no hay que tener nunca demasiado dinero ni activos es precisamente en el país donde he nacido o viva, incluyendo aquí el país de mi nueva residencia fiscal.

3. Tendré varias cuentas bancarias (personales y societarias) y de bróker para gastar e invertir, (casi) todas ellas fuera de TOK.

¿Dónde guardo mi dinero para gastar e invertir?

Nota: dispondré de una tarjeta de débito, nunca de crédito, por cada una de las cuentas corrientes que abra.

Mis cuentas personales: C1, C2, C3, C4 y C5

C1. Cuenta abierta en TOK (euros) con las siguientes funciones: 1) ingresos y pagos «raros» (diferentes a la media), y 2) transferir cantidades a C2 con el objetivo de invertir en bonos de alto rendimiento (siempre con un mínimo de un 10 por ciento anual, en este caso, neto).

C2. Cuenta abierta en TOK (moneda local) con las siguientes funciones: 1) pagar pequeños gastos, siempre internos, 2) percibir el posible sueldo de la sociedad, y 3) invertir, con el dinero proveniente de C1, en bonos de alto rendimiento.

C3, C4 y C5. Cuentas abiertas fuera de TOK en países en los que nunca viviré, con dos funciones: 1) pagar los gastos personales (esporádicos) fuera de TOK, ya que el grueso de ellos correrá a cargo de la tarjeta de débito de la sociedad, y 2) ser la futura «caja fuerte» donde se ingresará el beneficio «gordo» una vez finalice el plan de inversión diseñado.

Lugares para las cuentas personales: Estados Unidos, Reino Unido, Hong Kong, San Cristóbal y Nieves, Bélgica, Irlanda, Suiza...

Las cuentas de mi sociedad

1. Cuentas corrientes: C9, C12 y C13

C9. Cuenta abierta en TOK (multidivisa), que al inicio, y sólo al inicio, se nutrirá del dinero proveniente de las cuentas personales (C3 y C4) y con las siguientes funciones: a) costear los gastos de primer establecimiento, corrientes y de contabilidad y mantenimiento de la sociedad, b) ser la distribuidora unidireccional (de salida, nunca de entrada) del dinero hacia las cuentas de bróker (B1 y B2).

C12. Cuenta abierta en dólares fuera de TOK, unida como un cordón umbilical con la cuenta de bróker (B1), con el que tendrá un flujo bidireccional de dinero, lo que quiere decir que sólo se podrá mover en dólares desde B1 a C12 y en sentido inverso.

C13. Cuenta abierta en euros fuera de TOK, unida como un cordón umbilical con la cuenta de bróker (B2), con el que tendrá un flujo bidireccional de dinero, lo que quiere decir que sólo se podrá mover en euros de B2 a C13 y en sentido inverso.

Países susceptibles para abrir las cuentas de la sociedad: Singapur, Estados Unidos, San Cristóbal y Nieves...

2. Cuentas de bróker: B1 y B2

B1. Cuenta de bróker en Estados Unidos para acciones, bonos o cualquier otro tipo de inversión que se me ocurriese realizar, siempre en dólares.

B2. Cuenta de bróker en Europa para acciones europeas, siempre en euros.

NOTA: cuando llegue el momento de explicar con «pelos y señales» «La Elegida», explicaré del mismo modo el flujo del dinero entre cuentas bancarias y de brókeres, personales y societarias.

¿Cómo gasto mi dinero?

¿Cómo se aparean los puercoespines? ¡Con mucho cuidado!, pero siempre siguiendo el principio de necesidad. ¿De qué va esto? De comprar sólo lo que necesito. Es así como vivo, y sería incapaz, por ejemplo, de tener más de un coche a la vez. Ahora, que cada «palo aguante su vela» y decida qué es necesario y qué estúpido.

¡Sigo!

Desde 2005 tengo dinero suficiente para no tener que preocuparme por él. Y, desde hace mucho tiempo ya, mantengo el mismo nivel de gasto diario máximo (austero) fijado tras años de observar cuál era mi necesidad mensual para vivir como realmente quiero. Por supuesto que puedo superarlo, excepcionalmente, y comprar lo que me apetezca, pero con el tiempo me he dado cuenta de que ya he poseído todo lo material que se puede poseer y ahora sólo me interesa lo esencial, tanto en lo referente a objetos como a personas. En mi vida intento, aunque no siempre lo consigo, hacer lo esencial.

¡Moviendo el culo!

Teniendo en cuenta que gano mi dinero de las inversiones financieras (ganancias de capital, intereses y dividendos), que estoy residenciado fiscalmente como persona física en un país donde se tributa por territorialidad, que lo que gano lo hago a través de una sociedad que, si quiero y lo hago bien, no pagará impuestos y que vivo fundamentalmente en tres países, es hora de avanzar un poco más.

ASÍ QUE ¡manos a la obra!

¿Y cómo invierto mi dinero?

¡Por fin! Ha llegado el momento más esperado por mí: el momento de conocer el «Bucle», sobre el cual, dado que soy un tipo simple, espero que nadie tenga demasiadas expectativas (con las que sólo se puede empatar), no vaya a ser que se produzca una sonada decepción. Aunque ¡lo dudo! ¡Pero vamos al lío! Si quieres saber qué es el «Bucle» y cómo acaba engarzándose con la estructura fiscal, y con mi filosofía de vida, tendrás que leer el siguiente capítulo.

13

El dinero «baila» para mí

Ganar dinero es la hostia, el sexo es la rehostia, y hacer
que el dinero «baile» para mí no sólo es el ¡orgasmo absoluto!, sino que es la mayor muestra de genialidad de
un ser humano. El dinero es tiempo y energía, no se
malgasta y se respeta. Aquel que no lo haga, no merece
ser rico.

¡ATIENDE! Empiezo el capítulo donde más tendré que asumir
y entrenar. Así que ¡me pongo las pilas!

¿Qué debo asumir hoy aquí?

1. Debo aprender a ganar dinero. Nadie me enseñará.
2. Si creo que puedo ganar mucho en poco tiempo, sin riesgo y sin perder liquidez, es que soy «tonto del culo».
3. Sé que con el dinero sólo puedo hacer dos cosas, y ahorrar, peligrosa palabra que no existe en mi vocabulario e
   imperdonable rasgo de incultura financiera, no es una de
   ellas, ni una opción siquiera.
4. Invertiré sin parar todo lo que no gaste.

5. El riesgo siempre está en mí, nunca en el producto.
6. El triángulo de inversión sirve para discernir en qué no invertir, y en qué sí enfocarse.
7. Sé cuánta liquidez necesito y cuánta me convierte en un estúpido integral.
8. Invierto de manera simple. Si algo me resulta complejo, lo desecho.
9. Nadie me ofrecerá un producto de interés compuesto, yo lo crearé.
10. El «Bucle», ¿para qué? Para aprender a crear el mío propio.

Todo claro y sencillo.

¡Sigo!, y me pongo un «pelín» solemne para hacer la siguiente «Declaración de intenciones»: «Yo, fulano de tal, sabiendo que necesito ganar dinero, y conociendo las únicas cuatro maneras que existen, elijo, sin coacción alguna, aprender a hacer que el dinero "baile" para mí y crezca sin parar, usando el menor tiempo vital posible, con el menor pago de impuestos que la elusión fiscal me permita, y todo ello con el objetivo de ser rico y libre, para ser quien decida hacer con mi tiempo de vida lo que me dé la real gana, ya que entregarlo por poco, o mucho, dinero es una idea mediocre y una soberana estupidez. Y no sé tú, pero yo no soy ni "soberano" ni mediocre, y mucho menos estúpido».

¿Qué tal ha quedado? Al que no le guste que redacte otra con su propio estilo.

1. ¿Qué puedo hacer con el dinero?

Dando por sabido que con el dinero sólo puedo hacer dos cosas (gastarlo e invertirlo), me mentalizo de que todo el dinero que caiga en mis manos, y no gaste, venga de donde venga, y sea la cantidad que sea, irá directamente, a través del «Bucle», a la inversión, sin parar y sin compasión. ¡Pues eso! Más adelante veremos «dónde» y «cómo». Tengamos un poco de paciencia.

2. El riesgo no existe

El riesgo nunca está en la inversión, sino en «quien» la hace. El riesgo nunca es un qué, siempre es un quién, que actúa y está dispuesto a perder, pero nunca debería ser mientras esté inmerso en la acción. A la hora de actuar, pensar es contraproducente y sólo debo centrarme en mejorar mi habilidad, en lo que hago, en el juego, y jamás en la pérdida, que sí, es una opción, pero nunca una posibilidad. Sí, ya sé que puedo perder. Pero si soy paciente, al final ganaré. ASÍ QUE este pequeño cambio en mi forma de pensar en lo relativo al riesgo lo cambiará todo. ¿Qué es lo que me hace perder? Pensar mientras actúo en el «¿y si pierdo?» es paralizante y una pésima estrategia. Debo centrarme en la habilidad y en el desapego al resultado. Cuando consiga que esto sea un hábito, el resto será «coser y cantar».

¡Sigo!

El ser humano odia la incertidumbre y el riesgo, lo que constituye *per se* un rasgo de perdedor que, obviamente, hay que transformar. Es imprescindible estar, como la vida misma, en continuo movimiento, aun conociendo la posibilidad de perder: si me muevo, puedo perder. Si me quedo quieto, es (casi) seguro que perderé.

Dicen que mires donde mires, la incertidumbre y el riesgo siempre están ahí. ¡Y una mierda! No estoy de acuerdo. La incertidumbre sí, siempre estará ahí. Es cierto y es positivo que así sea. ¡Pero el riesgo no!, el riesgo no existe. El riesgo soy yo.

ASÍ QUE debo cambiar y empezar a entrenar mi manera de pensar para alterar el curso de los acontecimientos. No puedo iniciar algo pensando que voy a perder. ¡Claro que puedo!, pero debo «tirarme a la piscina» sin pensar si hay agua o no. Para fallar o acertar, hay que ¡hacer, hacer y hacer! ¡Invertir, invertir e invertir! ¿Qué pasará si lo hago una vez tras otra? Que al final, indefectiblemente, acabaré por aprender y conseguir lo que quiero. Por ello, desde hace muchos años ya, uno de mis mantras es: «El fallo no es una opción, es sólo una posibilidad», y creo que resulta obvia la diferencia.

Además, ¿imaginas lo aburrido que resultaría saber de antemano que siempre ganaré, y que nunca más voy a tener que forzar mi inteligencia para superar ningún reto? ¿Cómo mejoraría así? Sería imposible y aburrido.

Ya que sólo controlo el 1 por ciento de lo que ocurre a mi alrededor, debo soltar. ¿Para qué preocuparme si sé con meridiana claridad que no puedo controlar nada? Lo mejor, y más inteligente, es dejar que la vida se autodirija. En la vida nadie conoce el futuro, todo es incierto, y lo mejor que podría hacer es desarrollar la habilidad del desapego al resultado. ¡Ahí radica la mitad del éxito!

3. Me alejo de la deuda y de los impuestos ¡como de la peste!

¿Por qué? Porque no son «necesarios». ¿Y qué hago con lo inservible e innecesario? Lo tiro a la basura.

En el pasado me endeudé, y mucho, pero siempre intenté devolverlo lo antes posible, ya que la deuda es una piedra en el zapato que me impide correr y me hace polvo el pie. Un individuo inteligente no se endeuda, porque (casi) nunca es necesario hacerlo para llegar al objetivo. Escucho por ahí el murmullo de los «ladrilleros», adictos al polvo y la ineficiente inversión inmobiliaria en cualquiera de sus modalidades, aunque soy consciente de que la mayoría no practica esta idea, se endeuda para comprar objetos, o activos, innecesarios, razón por la cual están donde están, a años luz de ser ricos en tiempo y dinero. ¡Allá ellos!

Me mantengo siempre alejado de la deuda porque sé que los intereses que genera en mi contra, junto con los impuestos, son las dos «mochilas» muy pesadas que tendría que cargar durante el camino hasta llegar a mi objetivo, siempre que yo lo permita, por supuesto. Y es obvio ¡que no tengo ninguna intención de hacerlo!

¡ATIENDE! Nunca asumo deudas y pago (legalmente) los menos impuestos posibles. Y así, sin mochilas y viajando ligero, llegaré antes a «puerto».

4. El triángulo de inversión

Está conformado por rentabilidad, liquidez y riesgo. Es decir, todas las inversiones que existen, buenas o malas, tienen un lugar en ese triángulo.

Explico qué significa cada concepto:

- Rentabilidad: capacidad de rentar, rendimiento, rédito, beneficio, ganancia, interés, lucro o provecho.
- Liquidez: cualidad de un activo para transformarse fácil y rápidamente en dinero efectivo.
- Riesgo: contingencia o proximidad de un daño.

El triángulo de inversión es la «prueba del algodón» y sirve para saber qué tipo de inversión tengo entre manos y para discernir en qué invertir y, sobre todo, y más importante, en qué no invertir nunca, cuáles no tocar ni con un palo para quedarme sólo con las esenciales. Saberlo me ahorrará mucho tiempo y dinero en el camino hacia mi Gran Capital.

¡ATIENDE! Sólo invierto en lo que me interesa y cumple mis requisitos mínimos de inversión. ¿El resto? ¡A la basura! Si quiero ser rico debo saber qué es y cómo se utiliza el citado triángulo. ¿Qué requisitos mínimos pido a una inversión? Quiero que sea líquida, con una seguridad media y con alto potencial de rentabilidad, además de ser susceptible de encajar en mi estructura fiscal. ASÍ QUE ingresos y/o beneficios que no me permitan minimizar el pago de impuestos quedan eliminados. ¿De qué me sirve comprarme un lote de cien casas, aun a bajo precio, cuando a pesar de haber diseñado una estructura fiscal para pagar cero impuestos debo pagar un «peaje» del 10 por ciento ¡sólo por entrar!, un 24 por ciento (en caso de ser no residente) por la ganancia patrimonial (cuando venda), además del IBI, la plusvalía municipal, etcétera? Para mí, no tiene ningún sentido. ¿No puedo encontrar algo mejor? ¡Claro que puedo!

Sí, ganar dinero es importante, vital sin duda, pero «cómo» se gane y la ratio tiempo/beneficio que tenga lo son tanto o más.

A pesar de todo ello, es claro que, pase lo que pase con la rentabilidad, la liquidez y el riesgo, la incertidumbre siempre será nuestra compañera de viaje y nuestro mejor entrenador personal en nuestra mejora continua. ASÍ QUE ¡la abrazo! Entre otras cosas, porque no tengo más remedio.

Ejemplo: yo conozco, y los que me conocen también, un bono de alto rendimiento que ha estado dando, durante los últimos ocho años, un 12,5 por ciento de rentabilidad, con liquidez razonable y seguridad alta.

¿Me parece bien la rentabilidad? ¿Y la liquidez? ¿Y la seguridad? ¡Pues eso! Esas cosas, aunque la mayoría no las conozca, existen y están al alcance de cualquiera que tenga un poco de curiosidad y le dedique un poco de ese tiempo que seguramente dedica a alguna que otra tontería.

5. ¿Cuánta liquidez necesito?

Hace años, cuando escribí *La simplicidad del primer millón*, defendía fervientemente el hecho de mantenerme en liquidez para estar preparado para los posibles «chollos» que pudieren surgir. Hoy, con los años de la experiencia encima, pienso lo contrario: «Si he hecho la selección de inversiones correcta, sólo quiero tener la liquidez mínimamente necesaria para los gastos corrientes de la vida, ya que estar en liquidez representa una pérdida anual del 15 por ciento: 5 por ciento de la inflación y 10 por ciento, como mínimo, de lo que dejo de ganar por no estar «invertido».

¿Cuánta liquidez necesito hoy en día? Poca, muy poca. La menos posible. ASÍ QUE hoy digo: «Todo el dinero que venga a mí será invertido rápidamente, manteniendo la menor liquidez posible». ¿Cuánta? Cada caso es un mundo, pero en el mío equivaldría, como máximo, a mi gasto puro de un año.

6. La simplicidad es mi estilo de inversión

El dinero ni se gana ni se pierde, simplemente cambia de manos. Y para cuando llegue a las mías, ya tendré decidido el destino para invertirlo y que trabaje intensivamente para mí.

Ya he dicho varias veces que para ser rico es imprescindible mantener el equilibrio entre tiempo y dinero, cómo se gana y en cuánto tiempo. Es un concepto de una sencillez abrumadora que la mayoría ignora, razón por la cual hay muchos menos ricos de los que podría haber. ¡Así todo está bien!

SPOILER: mis inversiones son siempre simples y usando la «teoría del huevo» (sentimiento contrario), lo que me sirve para seguir entendiendo la simplicidad del mundo del dinero, de la inversión y del desapego al resultado. Analizo, decido, entro, olvido y dejo que la inversión siga su curso, sabiendo perfectamente que nadie, absolutamente nadie, sabe qué es lo que ocurrirá mañana, y eso nos pone a todos en igualdad de condiciones *a priori*. Por ello es una absoluta idiotez estar preocupándome día a día sobre si mis acciones suben o bajan. En mi caso, queda ya muy lejos la especulación «intradía» en los futuros del S&P 500 de Chicago y he vuelto a mis orígenes, a las enseñanzas de mi admirado mentor (André Kostolany) y me dedico por entero a la inversión «ABC»: acciones (65 por ciento), bonos de alto rendimiento (30 por ciento) y *cash* (5 por ciento). Todos los porcentajes son máximos.

¡Sigo!

Como digo, invierto mi dinero mediante un sistema simple, continuo e intensivo en activos tangibles y rentables, siguiendo, como ya he dicho, la «teoría del huevo»: subirse al tren cuando todos bajan, cuando cunde el pánico, cuando todo el mundo se saca las acciones de encima y los precios se derrumban, cuando todos venden a cualquier precio para limitar pérdidas o por miedo. ¡Ahí es donde entro, y luego me olvido!

Otra cosa. Soy un comprador. No me gusta vender, me cuesta vender. Compro mis acciones para largo, muy largo plazo. ¿Por qué? Porque lo he experimentado (lo veremos en el capítulo 14 «¿Cuánto crece el dinero?») y sé que los resultados pueden ser espectaculares, razón por la cual Kostolany decía: «Compra unas acciones, tómate una pastilla para dormir durante veinte años y despertarás millonario». Pues lo que hago es lo mismo, pero sin pastilla para dormir. Compro y sigo viviendo, e intento vender lo menos posible. Soy un comprador y sé que el comprador, siempre que esté centrado, tiene el poder.

Por el contrario, intento vender en plena euforia, cuando las cotizaciones están subiendo, están arriba del todo o han explotado, cuando las acciones son recomendadas hasta en la peluquería, en las revistas, en los bancos, en los medios de comunicación, en la iglesia y hasta en el Mercadona. Sin duda, es en ese momento cuando hay que vender todo y salir corriendo.

Es sencillo: vender arriba y comprar abajo. Vende cuando en la calle todos, los cultos y los incultos, hablan de comprar acciones, y compra cuando todos estén «acojonados» con la Bolsa: «Vender cuando se oiga el sonido del arpa, comprar cuando haya sangre en las calles». ¿Sencillo, no? Entonces, ¿por qué la mayoría hace lo contrario? No tengo ni idea.

Mi método de inversión (casi) no tiene en cuenta el análisis técnico, ni cualquier otro método cuantitativo. Me fío, y confío, en lo que mi intuición me dice con lo que he aprendido, estudio y observo, lo cual no va mal del todo, teniendo en cuenta mi olfato *a contrario sensu* y de esperanza matemática positiva de los últimos veinticinco años.

7. Ideas para un inversor que quiera resultados extraordinarios

«Si tienes dinero, puedes especular. Si tienes poco, no debes especular. Y si no tienes nada, debes especular.» (André Kostolany.)

Todo inversor que se precie ha tenido fallos clamorosos en sus inversiones y yo, con dos ruinas a mis espaldas antes de los 33 años, soy un buen ejemplo de ello.

¡ATIENDE! Aquí dejo unas ideas para cualquier inversor que se precie:

- Nunca confío en alguien que dice haber encontrado la piedra filosofal. Creo en quien sigue buscándola.
- Si hago lo contrario que la mayoría, tendré éxito.
- No corro detrás de nadie para comprar nada. Todo puede esperar.
- Nunca compro algo que me vengan a vender. Nunca.
- La mejor oportunidad es la perdida.
- Lo que todos saben, no me interesa.
- Nunca creo a los demás, creo en mi intuición y en la observación.
- Suben las acciones: los borregos compran, los expertos se las venden.
- Bajan las acciones: los borregos venden, los expertos se las compran.
- Así los borregos siempre pierden y los expertos siempre ganan.
- No soy ningún borrego.
- Ya lo decía Einstein: «Todo en la vida es relativo». ¡Absolutamente todo!
- Comprar cuando todos huyen y dejar pasar el tiempo es una de las maneras más fiables de hacerse rico.
- Escucho lo justo. No hago caso a nadie. Tengo mi propio criterio y lo sigo.
- Si me equivoco, que sea por mí mismo y no por los demás.
- Para perder mi dinero, lo pierdo yo.
- Nunca, nunca, nunca acepto lo que me ofrezca un banco o entidad financiera de cualquier tipo. Si lo acepto, el error es mío porque soy un «pringao» e inculto financiero.
- Para tener éxito en las inversiones financieras hay que cerrar la boca, los ojos y los oídos.
- Me mantengo siempre lejos de la opinión generalizada y hago siempre lo contrario.
- La única manera de sobrevivir en la inversión, y en la vida, es mediante un pensamiento independiente.
- Es un craso error de principiante, y resulta muy dañino, estar siempre al tanto de las cotizaciones, calcular el beneficio o pérdida latentes.

- Si estoy convencido de la inversión realizada, permanezco fiel, firme, duro y paciente.
- La inversión requiere reflexión intuitiva, prudencia y paciencia.
- El dinero es un instrumento, no un fin. Lo importante es lo que se hace con él, nunca cuánto se tiene.
- No quiero dinero, quiero activos.
- Nunca invierto por impulso, sino por conocimiento y experiencia.
- El mercado sube y baja, y es irrelevante. Lo realmente importante es qué hago yo cuando estoy dentro y el mercado sube o baja.
- Todos somos especuladores, yo también. Y si no lo tengo claro, quizá es que no tengo la mente necesaria para ganar algo en el mundo de la inversión: yo diría que no merezco nada.

ASÍ QUE sigo incrementando mis conocimientos esenciales para aprender y mejorar, en esa dirección, ya que la economía no es el estudio del dinero, sino el de la conducta humana, y todos mis actos tienen una evidente implicación crematística.

8. Inversiones permitidas y prohibidas

¡A ver, que quede claro! Hay inversiones con las que puedo llegar a ser rico y otras con las que no. Hay inversiones con las que puedo ganar mucho dinero, pero no ser rico. Y yo quiero ser rico en tiempo y dinero, no trabajar catorce horas, a poder ser ninguna, para tener cinco coches, siete casas, dieciocho sociedades, treinta relojes y un emporio, que no me deja tiempo ni para mear, y que si me descuido y no me dedico a él el tiempo suficiente, no podría vivir al ritmo que quiero e igual hasta me deja en la ruina. ¿Es eso ser rico? No. Para nada. Eso es alguien sin tiempo, con dinero, seguramente con estrés y que si deja de dedicar tiempo a ello, el castillo de naipes se derrumba. ¿Eso es ser rico? No. Y con perdón: ¡eso es ser un gilipollas integral! ¿Cómo alguien que ha tenido la inteligencia de «montar» ese tinglado y ganar tanto dinero es incapaz de darse cuenta de que está perdiendo lo más valioso de la vida? «Cosas veredes, amigo Sancho, que farán fablar las piedras», frase que, aunque siempre lo he creído, no aparece en el Quijote. Parece ser que sí aparece en el *Cantar de Mio Cid*. ¡Toma goma!

¡Sigo!

ASÍ QUE digo SÍ a inversiones liquidas, de riesgo medio, con gran potencial de beneficio y posibilidad de un pago de impuestos cercano a cero.

Digo NO a inversiones con poca o nula liquidez, alta seguridad, poca rentabilidad, con alto peaje de entrada, con retención a la hora de hacer efectivos los beneficios y alta dificultad para minimizar el pago de impuestos.

Digo SÍ a acciones (cotizadas en mercados regulados o no), bonos de alto rendimiento y bitcoins.

Digo NO al «ladrillo» (en cualquier modalidad), fondos de inversión (sea el que sea), planes de pensiones y/o jubilación, o acciones preferentes.

Y dos AXIOMAS finales: 1) digo NO a la filfa que suponen las cuentas de fondeo, y 2) nunca, jamás, ¡nunca jamás!, aceptaré un producto financiero que me ofrezca un banco, compañía de seguros o entidad financiera de ningún tipo. Ergo: si algún día lo hago, me puedes dar de «hostias» sin compasión.

9. El interés compuesto

Reconozco que hasta hace seis años nunca había «creído» en este tipo de interés. Me explico. ¡Claro que sé en qué consiste el interés compuesto!, no soy tonto y he estudiado mucha matemática financiera, pero hasta la fecha no le había visto la utilidad pragmática, fundamentalmente por dos motivos: 1) tenía mi cabeza, y toda mi alma, centrada durante más de dieciocho años en la especulación sobre los futuros del S&P 500 de Chicago, y no estaba dispuesto a dedicar mi tiempo a algo «aparentemente» tan poco rentable si lo comparamos con las altas rentabilidades a la que estaba acostumbrado con los futuros.

¡ATIENDE! En un lado del *ring* estaban los «Futuros»: espectacular rentabilidad, alta necesidad de tiempo y atención, y muy estresante. En el otro, «el resto de las inversiones financieras», con la posibilidad de usar el interés compuesto (no en todas ellas), menor rentabilidad a corto plazo y posibilidad de rentabilidad exorbitante a largo plazo, poco estrés y control absoluto del tiempo.

En mi primera etapa, incluyendo mis dos ruinas (1996-2014), gané mucho dinero con los futuros, me «quemé» y decidí dar un giro a mi vida dedicándome a las acciones y bonos de alto rendimiento (2006-hoy): primero gané mucho dinero haciendo futuros, pero con mucho estrés, y ahora controlo mi tiempo, y mi dinero, sin nada de estrés. Y así, desde 2005 soy rico en tiempo y dinero, y a «Dios pongo por testigo» que no volveré a quemarme nunca más haciendo algo tan estúpido como entregar mi tiempo, ni por mucho dinero ni por nada. Es una cuestión básica, de inteligencia también básica. ASÍ QUE me pregunto: ¿soy inteligente o medio tonto? La respuesta está en el aire, pero no te preocupes, ¡nadie la escuchará más que tú y yo!

Sigo con el interés compuesto. ¡No existe ningún producto que use el interés compuesto y, por tanto, nadie está capacitado para ofrecérmelo!

¡Léelo de nuevo con más atención, por favor!

—¿Y qué puedo hacer? —me preguntas.

—Puedo, y debo, diseñarlo yo. Es sencillo y enseguida lo veremos.

De momento, quédate con lo siguiente: sé qué es el interés compuesto, sé también «algo» de matemática financiera y de aquí a que termine el libro sabrás, si estás un poco atento, cómo hacer tu propio producto para aprovecharte del interés compuesto y, muy importante también, con qué productos no se puede hacer. ¡Prometo que es muy sencillo!

¡ATIENDE! Con futuros del S&P 500 de Chicago (a los que me he dedicado toda mi vida) no se puede conseguir un producto de interés compuesto. Con acciones tampoco. Con fondos de inversión tampoco.

¿Sorprendido? ¡Pues ponte las pilas!, que lo vas a necesitar.

¿Cuál es la diferencia entre interés simple y compuesto?

Los dos son dos conceptos fundamentales que se refieren a la forma en que se calcula, y aplica, el interés en lo relacionado con el dinero, la inversión y el crédito.

El interés simple no es capitalizable, lo que quiere decir que se calcula siempre sobre el capital inicial en un período determinado, nunca se suma a éste y, por tanto, no genera incremento de capital alguno.

Ejemplo 1. Supongamos una inversión con las siguientes condiciones: tenemos un capital inicial de un millón de euros, a un plazo de tres años y con un interés simple del 10 por ciento anual.

Al final del primer año, mi millón generará 100.000 euros de interés, que guardaré en un cajón. Al inicio del segundo año, volveré a poner mi millón a rentar y generará otros 100.000 euros, que volveré a guardar en el cajón (y ya van 200.000). El tercer año haré lo mismo y al final del período habré generado otros 100.000 euros, que volverán a ir al cajón.

¿Qué cantidad total tendré al final de los tres años? Pues 1.300.000 euros (entre capital e intereses).

El interés compuesto es capitalizable (se suma al capital inicial) y se va acumulando en cada período. Se calcula sobre el capital final, que aumenta en cada período haciendo que también se incremente el capital.

Ejemplo 2. Empezamos con las mismas condiciones que en el ejemplo 1, pero aquí el interés será compuesto.

Al final del primer año tendré 1.100.000, que pondré íntegro como capital inicial del segundo año. Al finalizar el segundo año, tendré 1.210.000 euros que, de nuevo, pondré íntegro como capital inicial del tercer año. ¿Qué cantidad tendré al finalizar los tres años? Pues 1.331.000 euros (capital más intereses). Es decir, 31.000 más a favor del interés compuesto. Obviamente, a medida que aumentan los años, y/o la cantidad, la brecha entre el interés simple y el compuesto aumenta de manera espectacular.

ASÍ QUE como decía Einstein: «El interés compuesto es una de las fuerzas más poderosas del universo».

¡ATIENDE! El interés compuesto se usa para depósitos fijos o cualquier otra inversión que tenga posibilidad de reinversión de ganancias, siempre que se conozca con antelación, y con total certeza, a cuánto asciende el porcentaje de interés a percibir en el plazo pactado. Si no tengo ese conocimiento y esas circunstancias, nunca podré fabricar un producto financiero que se beneficie del interés compuesto. Es decir, para fabricar un producto de interés compuesto tenemos que hacerlo a través de productos de renta fija. No se puede hacer ni con acciones, ni con futuros, ni con opciones, ni con fondos de inversión, ni con bitcoin... ¿Sorprendido? No es para tanto, y además ya tienes a tu alcance el conocimiento para poder hacerlo por ti mismo.

En resumen, el interés simple se aplica siempre sobre el capital inicial (no genera nuevo capital), que siempre es el mismo. Y el interés compuesto siempre se aplica sobre el capital final (capital inicial + interés obtenido) y sí genera nuevo capital. ¿Suena bien? Mucho.

Y por fin, y sin más dilación, llegamos a...

10. El «Bucle»: una manera simple de invertir

El dinero pierde valor cada día y no quiero estar en liquidez para ver cómo mengua, razón por la cual invierto sin parar, desde cualquier cantidad, por pequeña que sea, y como si no hubiese un mañana. Es una de las sencillas premisas en las que se basa mi «Bucle».

¿Qué es el «Bucle»? Dos cosas:

1. Es mi manera de invertir, una como otra cualquiera, que consiste en que todo el dinero que pase por mis manos, y no gaste, debe ser invertido. Es un sistema que «centrifuga» el dinero para que crezca sin parar y (casi) sin mover un dedo.
2. Soy un «comprador de activos» que (casi) nunca vende.

Antes de empezar, quiero hacer un «pequeño» comentario por si alguien, a pesar de haber asumido hace ya tiempo el contenido de los capítulos «¿Dónde me "conviene" vivir?» y «Pagar los impuestos que quiero», todavía no se hubiese percatado de ello: todos los beneficios que se generen en el «Bucle», una vez diseñada la estructura fiscal, pagarán casi cero en concepto de impuestos. Por tanto, podría hacer, si me viniese en gana, todas las compras y ventas que desease sin por ello ver mis activos, ni los beneficios por ellos generados, disminuidos. Imagino que hasta Mr. Magoo (personaje de dibujos animados) sería capaz de ver lo positivo de este aspecto. ¡Dicho queda!

Sé que, aun siendo perfectamente posible todo lo que digo, habrá quien esté frunciendo el ceño, e incluso le parezca misión imposible, y por pereza no lo realizará. ¡Hay que dejar la pereza a un lado y comenzar a «mover el culo»! Si te interesa, lo haces. Y si no, ¡pírate! y no molestes al resto. Lo siento, pero no soporto a aquellos que se quejan por todo, no mueven un dedo o están constantemente criticando al prójimo cuando ellos no son capaces de hacer lo que hace el susodicho, autocompadeciéndose y sin decidir de una vez por todas levantarse del sofá, lanzar un grito animal y comenzar a «escribir» su propia vida. Si eres de esos, envidiosos, perezosos, vagos, conformistas, criticones... ¡Pírate también! Hagas lo que hagas, decidas lo que decidas, mi «Bucle», y el de todos los que tengan «huevos» de crear el suyo, seguirá funcionando sin parar.

¡Sigo!

Cuando estuve en la ruina sabía que nadie, absolutamente nadie, me iba a ayudar ni a enseñar a ganar dinero, tampoco a invertir. ASÍ QUE como tenía claro que bajo ningún concepto me iba a quedar en el «puto fango», decidí crear el Plan que tienes en tus manos, en el cual incluí el «Bucle», el mío, que te mostraré para que puedas diseñar el tuyo, si te da la gana, ¡claro!

¡Vale pues! Para hacerlo, como es obvio, hace falta algo de dinero. ¡Sin dinero no hay nada que hacer! ASÍ QUE si para empezar tuviese que vender algo de mi tiempo por dinero, ¡lo haría! Siempre teniendo en cuenta, por si lo he olvidado momentáneamente, que: 1) si quiero ser libre, debo ser rico, 2) si quiero ser rico, debo ganar dinero, y 3) si quiero ganar dinero, debo crear mi propio «Bucle» para hacer que el dinero «baile» para mí.

ASÍ QUE como todos hemos empezado alguna vez, o varias, desde cero, «sin un puto duro», dejo de lamentarme, sigo leyendo y me enfoco en conseguir dinero: ¡sí o sí! Es tan simple que duele.

¡Sigo!

Antes de meterme en harina, y aunque ya lo he mentado antes, quiero hacer un pequeño «descargo» en mi defensa, entonando un *mea culpa*: cuando en 2011 escribí *La simplicidad del primer millón*, y me dedicaba a la especulación en el mercado de los futuros del S&P 500 de Chicago y de acciones en los mercados de Nueva York y Londres, era un defensor acérrimo del mantenimiento de la liquidez «a toda costa», en previsión de las oportunidades que el mercado se «dignase» a ofrecerme mientras miraba, atento y totalmente absorto y obnubilado, las pantallas de los mercados. Hoy pienso de un modo diametralmente diferente, y ya no hago nada de eso (en referencia a la liquidez), ya que he encontrado algo mejor. ¡Queda dicho!

«El Bucle» se divide en tres bloques: ABC. Muy sencillo: acciones, bonos y *cash* (efectivo).

1. Acciones: es el bloque formado por inversiones de rendimiento variable, acciones en mercados cotizados en dólares (Estados Unidos) y en euros (Europa), de las que tendré entre diez y veinte. Nunca más. Aquí podría incluir el bitcoin.

2. Bonos: bloque en el que se engloban los bonos de alto rendimiento y los préstamos (tanto a personas físicas como jurídicas). Ambos con pago de intereses al final de período (ganancia de capital y no rendimiento de capital mobiliario) y que suelen rondar el 12 por ciento de rentabilidad anual. Es aquí donde creo mis productos de interés compuesto utilizando los bonos de alto rendimiento.

3. *Cash* (liquidez): bloque en el que estará el dinero en efectivo, cuentas bancarias y/o de bróker, o cualquier otro instrumento financiero que podría convertirse en liquidez con rapidez (menos de cuarenta y ocho horas).

Hasta aquí los bloques. ¿Sencillo, verdad?

Normas y características del «Bucle»

1. Como dice Warren Buffett: la primera regla del mundo del dinero es no perder, la segunda es ganar y la tercera aplicar de nuevo la primera.

2. Todas mis inversiones deben tener una relación equilibrada en el triángulo de inversión (rentabilidad, liquidez y riesgo), teniendo siempre en mente que la inversión rentable, líquida y segura no existe. A mí me gustan las inversiones con alto potencial de rentabilidad, alta liquidez y riesgo medio-alto.

3. El porcentaje de distribución de los bloques será siempre el siguiente: acciones 65 por ciento, bonos 30 por ciento, y *cash* 5 por ciento, que serán revisados, para saber qué hacer con las acciones ganadoras, las perdedoras, los bonos y el equilibrio de la cartera, los días 30 de los meses de junio y diciembre.

4. Las inversiones deben ser intensivas y continuas. Todo el dinero que llegue a mis manos, venga de donde venga, se invertirá en los citados bloques.

NOTA: mi objetivo es obtener una rentabilidad media anual del 18 por ciento, que a veces se consigue y otras no. ¿Parece un objetivo alto? ¿Bajo tal vez? ¡Bien! Si piensas que es bajo, te invito a que descubras qué ocurrió con una inversión de «sólo» un (casi) 13 por ciento de interés en un período de catorce años. ¡Alucinarás! y nunca más volverás a opinar antes de calcular. Paciencia. Lo veremos más adelante. De momento, ¡disfruta!

5. Si el bloque A sufre una caída de hasta el 40 por ciento (26 por ciento del total), mantengo la calma, reviso las acciones y me pregunto: a) con respecto a las perdedoras, con la caída sufrida, ¿hay alguna razón para entrar en esa acción que ha caído suponiendo que estuviese fuera del mercado? Si la respuesta es que sí, me mantengo en la acción. Si la respuesta es que no, la vendo y envío el dinero a B (bonos de alto rendimiento); b) con respecto a las ganadoras, con la subida producida, ¿hay alguna razón para entrar en esa acción en caso de que estuviese fuera del mercado? Si la respuesta es que sí, vendo sólo la parte proporcional equivalente al beneficio latente y lo envío a comprar acciones de las perdedoras o a los bonos de alto rendimiento (el destino dependerá del porcentaje de cartera en ese momento). Si la respuesta es que no, vendo todo y lo destino a las acciones perdedoras que haya decidido no vender.

6. Si la pérdida del bloque (A) supera el 70 por ciento (45 por ciento del total), señal (casi) inequívoca de que comienza a haber pánico en el mercado, traspasaría todo el dinero de B a A, aun saltándome todas las normas de los porcentajes, con el objetivo de comprar todas las acciones que pudiese, sobre todo de las que más vayan perdiendo.

Quiero aclarar que desde 2006 hasta hoy nunca he tenido una cartera con pérdidas superiores al 30 por ciento.

7. El producto de cualquier venta, ya sea del bloque A o B, se reinvertirá todo y siempre junto. Nunca mantendré dinero «ocioso».

8. Cuando una inversión del bloque (B) llegue a vencimiento, todo lo que sobrepase del 30 por ciento irá destinado a comprar más acciones de las perdedoras, si las hubiere. Que siempre las hay.

9. El dinero que forme parte de A servirá de contrapeso para mantener el equilibrio entre los bloques. Si en algún momento hubiese desfase entre bloques, ¡no es el fin del mundo!

10. El producto de cualquier venta de A (capital más beneficio) se reinvertirá en las acciones perdedoras, en las que «si hay razón para entrar, también hay razón para estar» (ver el punto 5.a).

11. Busco ganancias patrimoniales, no dividendos, aunque si «cae» alguno, tampoco diré que no, fundamentalmente porque no puedo.

12. Tendré entre diez y veinte acciones en el bloque A, con intención de medio y largo plazo. No tengo prisa. ¡Nada de especular! Se gana mucho más dinero así que estando todo el día pendiente de los precios.

NOTA: el que quiera especular, y tenga los «huevos» bien puestos, que haga futuros. Pero, ¡por favor!, nunca las birriosas cuentas de fondeo.

13. El objetivo es invertir continuamente, y sin parar, todo el dinero que llegue a mis manos para hacerlo crecer en un plazo determinado, dato que junto a la edad, el objetivo, el dinero disponible y el plazo en el que se quiere conseguir una cantidad determinada, es necesario para desarrollar la estrategia de cada persona.

14. El análisis de las acciones que comprar, en qué mercados, en qué divisas y en qué sectores es, sin duda, la parte de la operativa que más tiempo lleva en un principio, pero es necesaria y muy entretenida. Luego, sólo es cuestión de ir haciendo pequeños ajustes a lo largo del tiempo: quince minutos una vez a la semana, y cuarenta y cinco minutos los días treinta de los meses de junio y diciembre. Si fuese un obsesivo compulsivo, cosa que no soy, un «ansias» de la vida, quizá necesitase el doble. ¡A gusto del consumidor!, pero es algo asumible incluso para vagos confesos como yo.

Y ahora, una consideración importante para todo aquel que tenga miedo o una aversión al riesgo galopante, y que sirva de ánimo para iniciarse en este bello arte que es la inversión: ¡nadie sabe qué hará mañana el precio!, lo que da pleno sentido al principio de incertidumbre de Heisenberg, sobre el que doy un consejo no pedido: ¡ni se te ocurra estudiarlo!, no vayas a enloquecer o a echar por tierra el amor que, quizá, profeses a la serie *Breaking Bad*.

¡Sigo!

Sobre la incertidumbre: sólo estamos comprando simples acciones de Bolsa y nadie, absolutamente nadie, sabe qué pasará mañana, y eso es bueno, maravilloso. Así que: ¡relax!

Ahora que lo pienso, imagino lo siguiente: si todo el dinero que he usado en mi vida en comprar objetos inservibles, desperdiciado en personas sin valor, en experiencias ridículas, lo hubiese usado en comprar acciones y no venderlas hasta hoy, ¿cuál sería el resultado? ¡Buf! No me lo quiero ni imaginar. Te dejo una pregunta para que te «estrujes» un poco las meninges y te deprimas a la vez: ¿has calculado alguna vez el dinero que ha pasado por tus manos durante toda tu vida? Calcúlalo. Y del total, ¿cuánto te queda? ¿A que acojona?

¡Sigo!

No hay que tener miedo a no saber si una acción subirá o

no, ya que nadie lo sabe y, además, el miedo que nos ocupa no existe, es aire.

15. A la hora de analizar y comprar acciones, sigo a rajatabla la famosa frase de mi mentor André: «Hay que vender con el sonido del arpa y comprar cuando haya sangre en las calles». Dicho en román paladino sería algo así como: comprar cuando los precios estén por los suelos y los incultos huyan despavoridos del mercado, y vender cuando los precios estén altos y todos los idiotas se lancen a comprar. Esto es a lo que el bueno de André bautizó como la «teoría del huevo». ¡Así de simple!

16. Si pones un poco de atención, intención, tiempo y paciencia, es complicado fallar en el medio-largo plazo. Huyo de las acciones de moda, de las que dan dividendos, de las que están a precios altos y diversifico por zonas geográficas, sectores y divisas.

ASÍ QUE: invertir, comprar activos sin parar, dejar que pase el tiempo, «cuidar un poco las gallinas» y tener paciencia para encontrar el mejor momento para vender, que, aunque en mi fuero interno no quiera hacerlo, siempre llega.

¡Moviendo el culo!

Cambio el estilo por esta vez y «muevo el culo» en texto seguido en vez de dividirlo en puntos. No quiero ganar mucho dinero en poco tiempo porque no soy gilipollas. Quiero ganar lo que establezca usando el menor tiempo posible, cosa que no es complicada, y para la que sólo necesito un poco de paciencia. Invierto sin parar todo el dinero que llegue a mis manos y no gaste. Soy un comprador orgulloso que decide, e invierte, de manera simple: compro, mantengo y vendo poco, el resto no me interesa. Sé que yo soy el riesgo, razón por la que cuido de mí, de mi tiempo y de mi dinero. Y por ello, antes de invertir siempre «paso el producto» por el triángulo de inversión. Aprendo cada día la esencia de los impuestos. Diseño mis productos de interés compuesto y mi «Bucle» para hacer que el dinero «baile» para mí y crezca sin parar, ya que mi tiempo es mío y nunca lo entrego a bajo precio.

¡ATIENDE! Las cuentas de fondeo ni son una inversión ni es hacer *trading*. ¡Son una «gran mierda»!, algo de «ciencia ficción», un engañabobos que sirve para mantener entretenidos a todos aquellos que piensan que son más listos que los que montan el «casino», y que además de lo poco que ganan y de las pocas veces que lo hacen, deben tributar al tipo del IRPF.

Las cuentas de fondeo son productos de «vendehúmos», dirigidas a incautos e insensatos «comprahúmos». ¡Lo imposible es imposible!

Ahora, y hablando de cosas (casi) imposibles, si te interesa saber cómo creció el dinero en catorce años usando «algo parecido» al «Bucle», con tiempo y mucha paciencia... ¡adéntrate en el siguiente capítulo!

14

¿Cuánto crece el dinero?

¿Cuánto dinero ha pasado por mis manos durante mi vida? ¿Cuánto me queda? ¡Es urgente que «me ponga las pilas»!

Si quisiese ser pobre, cosa que ni se me pasa por la mente, gastaría, incluso me endeudaría para gastar más, en comprar objetos que no necesito.

Si quisiese ser rico, que es lo que soy, invertiría sistemáticamente todo lo que llegase a mis manos que no gastase.

Este capítulo es fácil, del nivel de un niño de 10 años que tenga un mínimo conocimiento de matemática financiera, o no, para calcular un problema relativo al interés compuesto. ¿Todavía no sabes, o no recuerdas, qué es? Pues búscalo en internet, que es lo que haría el chaval de 10 años.

Yo pongo un problema y tú lo resuelves. ¿Para qué? Para ejercitar la mente. ¿Para qué más? Para comprobar la potencia que tiene la combinación entre la inteligencia, la paciencia, el paso del tiempo, el dinero y el interés compuesto.

¡Sigo!

Como ya sabemos, me arruiné con los futuros dos veces en tres años, en diciembre de 1999 me compré un reloj, grabé mi objetivo en el reverso y comencé a pelearme, otra vez, con los futuros. Para diciembre de 2005 había ganado 5.500.000 dólares y tuve que tomar una importante decisión, contestando a una pregunta vital. Y ahora, ¿qué hago yo con esto? Me piré una semana de vacaciones y mi subconsciente me dio la respuesta: me quedaría con 200.000 dólares para empezar de nuevo e invertiría el resto en bonos y acciones con la firme intención de no tocarlo durante mucho tiempo, haciendo como que no existía.

¿Qué debo asumir hoy aquí?

La importancia de...

1. La paciencia.
2. La disciplina.
3. El paso del tiempo.
4. El interés compuesto.

¡Vamos con el problema! ¿Cuánto crece el dinero en catorce años? Podría poner la solución y ya. Pero no. Las cosas sin esfuerzo pierden valor, y tampoco es tan complicado. Ya he dicho antes que es tan sencillo como buscar una calculadora financiera en internet y hacer el cálculo. ¡Pues eso!

Y no lo hago por presumir, lo hago para que se vea la potencia de la mezcla de los conceptos citados. Lo hago para recordar la eficiencia de vivir de forma minimalista, con simplicidad, enfocado y dejando que el tiempo y el interés compuesto hagan su trabajo. Sin todo eso, el resultado es la nada.

PROBLEMA:

- Capital inicial = 5.300.000
- Tiempo = 14 años.
- Gastos mensuales = 6.000
- Interés = 12 %
- Capital final = ???

¡Ahí lo dejo!

Tras cinco minutos: ¿qué tal ha ido?, ¿tienes ya la respuesta? Me alegro, ¡enhorabuena!

¡Moviendo el culo!

1. Si lo riegas bien, el dinero crece.

—¡Buf! Cuánto queda por hacer —escucho por ahí.

—¡Ja! A ver si pensabas que iba a ser fácil, que iba a ser como hacer un pedido a Amazon desde el sofá de casa mientras comes unas gominolas viendo una serie de Netflix.

—¡Sí, sí! Pero queda mucho por hacer.

—Tienes toda la razón del mundo, pero no hay nada de qué preocuparse.

15

Ideas de un millonario transgresor

Soy minimalista, simple y enfocado, y no me gusta perder el tiempo.

Dejo aquí, con cierto aire de orgullo personal (¡es lo que hay! y además no tengo abuela), las ideas que conforman mi *modus vivendi*. Toma las que te sirvan y tira a la basura el resto. ¡Vamos!

¿Qué debo asumir hoy aquí?

1. Las ideas que me han traído hasta hoy.
2. Como exjugador profesional de baloncesto, ¿qué me enseñaron que debía hacer en un partido cuando me bloqueaba, dudaba o me «perdía»? «Tirar» de lo aprendido en el entrenamiento.

Lo primero de todo, la génesis: soy yo. Un individuo.

Luego podré pertenecer a algún grupo, cosa que dudo, pero es posible. Ante todo soy individuo, el único y el mejor «actor» para la película de mi vida. Soy un individuo rebelde, iconoclasta, minimalista, enfocado, simple, vago, lector impenitente, muy «movido» y que nunca olvida que únicamente tiene lo que se merece, ni más ni menos. Y si no lo tengo, o no lo soy, es que no lo merezco. ¡Es así de simple!

Mi vida es tiempo, decisiones y dinero: ésa es la guía de mi existencia.

Todo lo necesario para conseguir lo que quiero está dentro de mí, nunca fuera.

Lo que ocurre importa muy poco, lo que importa es cómo me adapte a ello.

El foco es vital en mi vida, y la clave de tenerlo está en la forma de acometer el aprendizaje, y esto depende de la intención y el interés que tengo. ¿Qué necesito para estar motivado? Autonomía (libertad mental y física), dominio (maestría) y misión.

Me centro en la motivación, la creatividad, la impecabilidad de acción y nunca busco atajos. Actúo sin prisa, paso a paso, atento a cada acción. Cuando leo, leo, y no miro el móvil. Cuando me corto las uñas, me las corto. Cuando «juego» (practico sexo), juego, y tampoco miro el móvil. ¡Focus, focus, focus!

Tengo unas normas que no sé si son buenas o malas, pero son las mías. Un día cogí una hoja en blanco y comencé a escribir. Desde entonces, ese escrito está en el panel de corcho de mi sala de juegos («Rubik»). ¿Qué es? Son mis normas de vida y debo cumplirlas. Porque si no soy capaz de cumplir las mías... ¡imagina otras! Ahora bien: son para cumplirlas yo, no se las exijo a nadie.

Vivo una vida calculada: intento, como la naturaleza, dosificar mi energía usando la ley del mínimo esfuerzo. Uso un cronograma, mido el tiempo, las decisiones y el dinero. No los malgasto bajo ningún concepto. ¿Qué estúpida razón podría existir para hacerlo?

Soy inalcanzable y sólo permito que lleguen a mí personas preparadas y que sean respetuosas con mi tiempo. Soy delicado, perspicaz, ingenioso y respetuoso. Mi pensamiento intentaba controlarlo todo; hoy no se lo permito y confío en mi subconsciente y en la intuición. Soy puntual y exijo que el resto lo sea. «Nunca toco la campana» (nunca me rindo) y siempre lo intento otra vez. Me caigo y me levanto, muchas veces. Nada me altera, ya que lo importante no es lo que ocurre, sino qué haces con ello. Escucho, observo y actúo obviando a los espectadores. Cumplo mi palabra verbal o escrita. Si no voy a cumplirla, me callo. Elimino de mi vida a quien no la cumple y llega siempre tarde a las citas, porque me parece desenfocado, irrespetuoso y maleducado. Soy impecable e implacable con mi vida. No soy zafio. Juego siempre, y ahora no estoy hablando de sexo. Elijo qué quiero, planifico y salgo a por ello. Leo y busco qué necesito para conseguir lo que elijo. Tomo decisiones a partir del fundamento de que todo en la vida es «carne o pescado». No pongo excusas. Huyo de la estupidez y de la mediocridad. Mi tiempo, mi dinero, mis ideas y mis creaciones son mías, y tengo la opción, nunca la obligación, de no compartirlas con nadie. No soy envidioso. Sé que es obligatorio ganar dinero y he aprendido a hacerlo. Las ideas de este libro son las que uso. Las demás me interesan poco. Vivo de modo diferente a como lo hace la mayoría y actúo para volver a ser nadie. Sé cuánto dinero ha pasado por mis manos en mi vida y valoro el que tengo. Gasto lo que realmente necesito. No importa mi pasado, sólo lo que sea capaz de hacer desde hoy y me conduzca a vivir en paz. Hago caso a mi intuición, me muevo y obvio a los espectadores. Me centro sólo en lo que puedo cambiar y vivo desapegado del resultado. No me gusta nada que me descentren cuando estoy concentrado en algo. La ambición, a falta de una palabra mejor, es buena y necesaria, y funciona. La ambición en todas sus formas: de vivir, de dinero, de amor, de saber. Soy lo que hago de lo que pienso: ni más ni menos. Me rijo siempre por el principio de necesidad. Sé que en el correcto uso de mi tiempo está mi éxito, y por ello uso una agenda «Smart Panda». Soy tan libre que no pierdo el tiempo. Pienso siempre de modo diferente a la mayoría, ignoro a la multitud, defiendo mis ideas, y olvido las viejas costumbres. Anoto mis ideas en cuadernos y arriesgo como un niño. La vida es movimiento, así que nunca me paro, ¡juego!

Resuelvo situaciones y no me preocupo por los problemas. Me gusta lo que hago en la actualidad, el tiempo que le dedico, el dinero que gano y lo que aprendo con ello. Invierto sin parar y tengo poca liquidez (la justa).

«TOK»: La estructura Elegida

1. Punto de partida

Soy residente fiscal en un país donde se tributa por residencia y me dedico a hacer inversiones financieras en acciones, bonos de alto rendimiento y préstamos (a personas físicas y jurídicas), con la calificación tributaria siguiente: los dividendos e interés son rendimientos del capital mobiliario y la compraventa de acciones y los bonos (con cobro de intereses al final del período) son ganancias de capital.

Sé de sobra que para este caso me podría servir cualquier estructura sencilla que combine una residencia fiscal «territorial» con una compañía de responsabilidad limitada (LLC, por sus siglas en inglés) estadounidense, inglesa o panameña, por ejemplo. ¡Pero no! Yo no soy así. Soy raro y prefiero TOK. ¡Qué le voy a hacer si le tengo cariño!

2. Punto de llegada

¿Cómo imagino que estaré, y/o sentiré, cuando haya organizado toda la estructura? Me sentiré un individuo libre, rebelde, iconoclasta y que vive su vida haciendo única y exclusivamente sus «verbos esenciales»: dormir, nadar, escribir, leer, cocinar, invertir (no mucho), follar, comer, escuchar música, viajar... Soy rico en tiempo y dinero, y me dedico a «pulir» y perfeccionar mi eslogan: «La vida es tiempo, decisiones y dinero».

3. Diseño completo de la estructura

La residencia fiscal y la constitución de la sociedad se harán en el mismo lugar: Georgia (la del Cáucaso, no la de Estados Unidos).
—Esto no lo esperabas, ¡eh!
—Para nada —dices, expectante.
En Georgia, las personas físicas tributan por «territoriali-

dad» y las ganancias de capital están exentas, tanto si se producen dentro como fuera del país.

—Esto tampoco lo esperabas —vuelvo a espetarte.

—¡Joder! Tampoco.

Georgia es un país donde las sociedades no tributan por «territorialidad» y pagan el 20 por ciento de impuestos (5 por ciento en concepto de dividendo y 15 por ciento impuesto de sociedades), si, y sólo si, reparten dividendos entre sus accionistas. Ergo: si la sociedad no los reparte, no tributa.

—Creo que he vuelto a sorprenderte. ¡A que sí!

—¡Mierda! ¿No habías dicho que la estructura fiscal no pagaría impuestos o serían cercanos a cero? —me preguntas, decepcionado.

—¡Jajaja! Paciencia, pequeño saltamontes —contesto lacónicamente.

—¡A ver, a ver! —dices, incrédulo, expectante y con «cara de acelga».

—En nada conocerás el sorprendente final —te digo.

¡Sigo!

Como digo, me residenciaré fiscalmente en Georgia, donde no es indispensable permanecer ciento ochenta y tres días al año, aunque seguramente los viva allí, para lo que alquilaré (no compraré) un espectacular *loft* y distribuiré mi tiempo de vida entre Georgia, Italia, España y mis viajes por el mundo.

Constituiré la LLC, abriré las cuentas, pondré el dinero en su sitio y comenzaré a invertir a través de la sociedad con un horizonte de veinte años, dividido en cuatro quinquenios.

¡Veamos!

1. Soy residente fiscal en A (territorial) y accionista al cien por cien de una sociedad, también en A, que tributa al veinte por ciento sólo si se reparten dividendos. Así que de momento no hay dividendos.

2. Todas las inversiones financieras e ingresos generados por dichas cuentas se realizarán a través de la sociedad y provendrán de fuera del país, lo que en este caso es absolutamente irrelevante.

3. La sociedad generará beneficios exentos durante veinte años, o el período que se decida, y si una vez transcurrido decidiese «irme con el dinero a otra parte», tendría dos opciones: a) hacerlo «a pelo», retirando el dinero de las cuentas de la sociedad y pagando el veinte por ciento de la cantidad percibida, o b) vender las acciones de la sociedad, lo que resultaría muy sencillo porque está impoluta, es decir, es un producto muy apetecible dada la creciente demanda existente por las sociedades ya constituidas y listas para entrar en funcionamiento, con el consiguiente ahorro de tiempo y dinero para el comprador. El vendedor, por su parte, no tendrá que pagar impuesto alguno, ya que, como he dicho hace un rato, las ganancias de capital (y la venta de las acciones de «TOK LLC» lo son) de un residente fiscal georgiano están exentas.

Imagino que no es necesario explicar la manera tan «alucinante» en que crecerá el capital, invertido durante veinte años, a través de la sociedad si sumamos lo siguiente: a) el capital inicial propio de la empresa y los beneficios que éste vaya generando año tras año, b) los impuestos no pagados durante todo el período que se sumarían, cada año y durante todos los años, a la cantidad del punto a, y 3) el «impresionante» crecimiento generado por la aplicación del interés compuesto a la suma de todas esas cantidades y durante todo ese tiempo. Recordemos que en el interés compuesto, cada capital inicial de un año en concreto está formado por el sumatorio del capital y el interés generado por éste en el año inmediatamente anterior, lo cual produce una capitalización del dinero, como diría Einstein, absolutamente «descomunal».

4. Flujo del dinero entre las cuentas

Quizá para leer el galimatías que viene a continuación necesitaré un separador de páginas para ir consultando el capítulo 12

(«La "isla de mi tesoro"»). No, mejor no. Hago aquí un (casi) corta y pega de la parte que me interesa del capítulo 12 y así facilito el asunto. ¡Recordando!

a. Cuentas personales

C1. Cuenta abierta en TOK (euros) con las siguientes funciones: 1) ingresos y pagos «raros» (diferentes a la media), y 2) transferir cantidades a C2 con el objetivo de invertir en bonos de alto rendimiento (siempre por encima del 10,5 por ciento).

C2. Cuenta abierta en TOK (moneda local) con las siguientes funciones: 1) pagar pequeños gastos, siempre internos, 2) percibir el posible sueldo de la sociedad (que en su caso pagaría un 20 por ciento de impuestos), y 3) invertir, con el dinero proveniente de C1, en bonos de alto rendimiento.

C3. Cuenta abierta en Estados Unidos en dólares, **C4.** Cuenta abierta en Bélgica en euros, **C5.** Cuenta abierta en San Cristóbal y Nieves, multidivisa, con las siguientes funciones: 1) lugar de partida del dinero para transferir a C9 (cuenta societaria), que a su vez lo distribuirá entre las cuentas de bróker (B1 y B2) para empezar a operar en los mercados, 2) pagar los gastos personales (esporádicos) fuera de TOK, ya que el grueso correrá a cargo de la tarjeta de débito de la sociedad, y 3) ser la futura «caja fuerte» (C5) donde se ingresará el beneficio «gordo» una vez finalice el plan de inversión diseñado, que en mi caso será de veinte años, pero podría ser cualquier otro plazo. O sea, que la estructura es versátil.

b. Cuentas societarias

C9. Cuenta corriente abierta en TOK (multidivisa), que al inicio, y sólo al inicio, se nutrirá de mis cuentas personales y con las siguientes funciones: 1) costear los gastos de primer establecimiento de la sociedad, sus gastos corrientes, de contabilidad y mantenimiento, 2) ser la distribuidora unidireccional (de salida, nunca de entrada) del dinero hacia las cuentas de bróker (B1 y B2).

C12 (Estados Unidos). Cuenta corriente abierta en dólares y unida como un cordón umbilical con la cuenta de bróker (B1), con el que tendrá un flujo bidireccional de dinero: sólo se moverá desde B1 a C12 y en sentido inverso.

C13 (Bélgica). Cuenta corriente abierta en euros y unida como un cordón umbilical con la cuenta de bróker (B2), con el que tendrá un flujo bidireccional de dinero: sólo se moverá desde B2 a C13 y en sentido inverso.

B1. Cuenta de bróker en Estados Unidos para acciones, bonos o cualquier otro tipo de inversión que se me ocurriese realizar, siempre en dólares.

B2. Cuenta de bróker en Europa para acciones europeas, siempre en euros.

c. El «Flujo»

1) Al empezar, y siempre que haya dinero nuevo, irá desde una de las cuentas personales a C9, y siempre de modo unidireccional, sin volver nunca desde C9 a ninguna de las cuentas personales; 2) desde C9, el dinero se distribuirá a B1 y B2, desde donde se realizarán las inversiones; 3) desde ese momento, el dinero de los brókeres sólo se moverá, en su caso, entre B1 y C12 (dólares) y B2 y C13 (euros); 4) una vez que transcurran los veinte años, o me canse, y decida vender la sociedad, el dinero, exento del todo, producto de la venta de las acciones de TOK LLC, irá desde la cuenta del comprador a la cuenta o cuentas del vendedor (a C5, casi con total seguridad), y... 5) *Game over!*

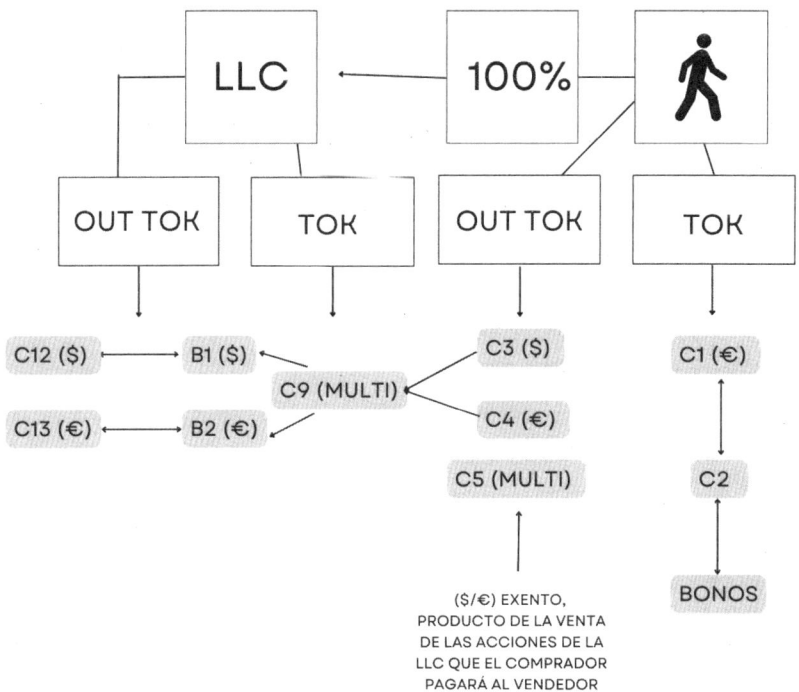

16

¡Moviendo el culo!

Porque vagabundos como nosotros hemos nacido para correr.

Bruce Springsteen

¿Qué debo asumir hoy aquí?

Ser coherente significa vivir de acuerdo con el pasado, de manera repetitiva y lo más parecido a «estar muerto». Eso no es vivir en absoluto. Mi pasado fue maravilloso, grandioso incluso, pero ¡ya!

Hoy me planteo la vida tomándome cada día como si fuese diferente al anterior, que lo es. Hoy siempre es el momento de hacer, no espero. La vida es corta y lo que quiera hacer, debo hacerlo ya. ¡Así de simple!

Si fuese coherente, cosa que no soy, significaría que ya no hay más vida, que he llegado al final, sin permitir que la vida me ofreciese nada nuevo.

Y eso, pequeño saltamontes, no voy a permitir que ocurra bajo ningún concepto.

El flujo, la vida, es incoherente por su propia naturaleza, porque tiene que afrontar nuevas situaciones, nuevos desafíos. El hombre coherente es un hombre lógico con una vida unidimensional y el más pobre del mundo, porque la vida no consiste sólo en la lógica, que puede ser buena para los mercados o en los negocios, pero no con el amor. La mente lógica es unidimensional. La vida es multidimensional.

Vivo mi vida en todos sus aspectos, en todos los espectros de color, y nunca más podré ser coherente permaneciendo confinado en un pequeño «espacio» vital, y menos si es cómodo y confortable. Soy un nómada aventurero que tiene que vivir plenamente y para quien la coherencia, igual que el ahorro, no son opciones. Vivo a tope: canto, bailo, grito, lloro, río, amo, medito, me relaciono, permanezco solo, a veces me mezclo entre la gente, voy a la montaña y «me pierdo». El hombre coherente es pobre, y yo quiero ser rico.

Por supuesto, la sociedad maltratará al incoherente, al que se sale de la norma, al salvaje indomable, al que es impredecible. ¡Es lo que hay!

El hombre coherente es fácilmente manipulable, es una máquina, no un ser humano. Es alguien a quien se puede «enchufar y desenchufar», que se comportará «al gusto», a quien la sociedad respetará y dirá de él «que tiene carácter». Yo no tengo carácter. No puedo permitírmelo, porque el carácter se gana sólo a costa de la vida, renunciando a ella. Yo no renuncio, y estoy preparado para aprender y disfrutar de una vida incoherente, aun a sabiendas de que, al no dejarme manipular, la sociedad no me respetará, lo que me convertirá en un individuo «incómodo». Pero, ¿a quién le importa?

Sólo la gente mediocre se preocupa por ese respeto. A mí, un hombre verdadero, sólo me interesa, sólo me importa, saber si realmente estoy viviendo de acuerdo con mi visión o no. La vida se trata de ser responsable ante mí mismo y ante nadie más. La responsabilidad más grande no es hacia la nación, la Iglesia, la empresa, la familia, cualquier otro ente o persona física concreta. Repito. La verdadera responsabilidad es hacia mí mismo, y consiste en vivir según mi propia esencia, yendo allí donde el devenir me lleve y sin hacer concesión alguna.

Ahora nos toca, a ti y a mí, «mover el culo» por última vez, contestando en la intimidad a la siguiente pregunta: ¿qué quiero hacer desde hoy mismo con mi vida?

¡Voy!

Me llamo Aitor Zárate y un día, demasiado tarde para mi gusto, decidí terminar con las chorradas de mi vida, con la firme intención de ser rico y libre para poder, de una vez por todas, hacer con mi tiempo lo me diese la puta gana, para lo que tuve que crear un «rol», el mío, en el que me viese y sintiese como un rico haciendo de mi capa un sayo, diseñándolo con aquellas características que me gustasen para, entrenándolas hasta el agotamiento, conseguir perfeccionarme, ya que de ahí, del «quién», es de donde parte todo. Y hoy, aunque me falte mucho por vivir y aprender, digo que soy un hombre entero, honesto, minimalista, preciso, rico, libre, amoroso, que piensa y hace lo que quiere, sigue un ritmo de vida lento, culto, iconoclasta, potente, rebelde, que casi nunca come fuera de casa, para quien la vida sigue siendo tiempo, decisiones y dinero, que no sigue la filosofía ni el ritmo de nadie, que disfruta de su tiempo, que no permite que nadie que no lo merezca, ni aporte algo interesante y/o divertido, entre en su círculo, que tiene como misión en la vida dejar de perder el tiempo con incultos sin intención ni interés, atontados, en ambientes estúpidos, restaurantes prescindibles a los que voy una y otra vez sin saber muy bien por qué, capaz de ganar mi dinero sólo con mi talento para disfrutarlo, realizando única y exclusivamente mis verbos esenciales y experiencias incómodas e interesantes... No es fácil, y todo requiere su tiempo, pero es divertido y con un premio de la «hostia».

Sí, hay una primera e importante decisión que tomar. ¿Qué prefiero ser, uno más de la «masa» o un individuo con capacidad de discernimiento y decisión? No sé tú, pero yo lo tengo claro.

¡Terminemos!

Espero que este legajo te haya sido de utilidad y te sirva para tomar la decisión más importante de tu vida: ser rico en tiempo y dinero para ser libre.

Si no, lamento decirte que la vida será larga, dura y tediosa, lo cual tampoco importa demasiado, ya que es tu vida y no la mía.

¡Sigue con tu vida que seguro que tampoco está mal del todo!

¡ATIENDE! Mientras tú sigues con tu vida, yo buscaré hacer sólo mis verbos esenciales, aderezados de eficiencia (que no eficacia), conocimiento y experiencias excitantes, interesantes y divertidas. ¿El resto? No me interesa.

Me despido de ti querido lector deseándote que, hagas lo que hagas, diseñes a partir de ahora una vida que merezca la pena ser vivida.

Yo, por mi parte, desde hoy «hago desaparecer» a mi personaje y revivo la esencia de mi individualidad. Yo, por mi parte, me piro por donde vine, liberándote desde ya de la «losa» de haber tenido que leer en primera persona del singular.

Gracias por acompañarme en este apasionado viaje.

Te he sentido cerca, y eso es mucho.

Te deseo lo mejor y... ¡nos vemos en la carretera!

¡Seguimos!

*¡Lector! Si tienes algo interesante que contarme, te espero en simpleks9@proton.me.